Mein Herz ist wie April

Hubert Böke

Mein Herz ist wie April

Geschichten vom Trauern und vom Leben

Patmos Verlag

Für
Lene Thurøe Knudsen,
meine erste Leserin und Muse,
die meinen Geschichten Flügel verleiht,

Sven Ingmar Knudsen,
meinen Sohn, der mit mir die Liebe
zum Schreiben und Geschichtenerzählen teilt.

Mit herzlichem Dank
für das engagierte Lektorat von Andrea Langenbacher,
der dieses Buch viel zu verdanken hat.

Inhalt

Vorwort

In 365 Tagen umkreist unsere Erde die Sonne.

Wenn uns Erdbewohnern etwas „im Blut liegt", dann sind es die großen Rhythmen unseres Planeten: Tag und Nacht, Ebbe und Flut, Frühling, Sommer, Herbst und Winter.

Nichts liegt deshalb näher, als auch unser Leben im großen Rhythmus der Jahreszeiten zu begreifen: Jedes Menschenleben hat seinen Frühling, seinen Sommer, seinen Herbst und Winter. Und wenn wir schmerzlich Abschied nehmen müssen von unseren Liebsten, dann folgt auch unser Weg durch die Trauer dem Rhythmus, der allem Leben zu eigen ist.

Und doch setzen Abschied und Trauer eine ganz eigene Zeitrechnung in Gang: „Im Hohen Sommer starb mein Liebster. Seither ist in meinem Herzen tiefster Winter." So sagt es eine Frau in ihrer Trauer. – Es ist, als würde die Zeit mit einem Schlag auf Null gesetzt. „Tiefster Winter" ist das Bild, mit dem die Trauernde ihre Gefühlswelt umschreibt. Mag draußen auch Hochsommer sein, in ihrem Innersten ist eine Zeit schlimmer Kälte angebrochen. Und es ist nicht die Art von Kühle, nach der sich mancher in schwülheißen Hochsommertagen sehnt. Es ist ein bitterkalter Winter, der alles zum Erfrieren, der alles zum Erstarren bringt. Ein Winter, der – ist er erst hereingebrochen – kaum vorstellbar jemals wieder enden wird.

Trauer um einen Liebsten brennt in unserer Seele wie eiskalter Schnee. Sie wirft uns aus vertrauten Bahnen, katapultiert uns in eine Welt des Schmerzes, der Leere und tief empfundenen Ausweglosigkeit.

Und dennoch – wenn auf etwas in unserer Welt Verlass ist, dann ist es dieses: Jeder Nacht folgt ein neuer Tag, jedem Winter folgt ein neuer Frühling. In den schlimmsten meiner Nächte verzweifle ich daran, weil die Nacht nicht enden will. Zur Mittwinternacht haben unsere Vorfahren gezweifelt: „Wird die Sonne noch einmal die eisigen Winterstürme vertreiben, wird das Licht die Dunkelheit besiegen?"

Durch Zehntausende von Jahren haben Menschen den tiefen Schmerz des Abschiedes durchlitten. Frühe Begräbnisse und liebevolle Grabbeigaben zeugen von der Trauer der ersten Menschen. Durch die unendlich vielen Jahre aber ist auch das zur Gewissheit geworden: Die Rhythmen der Natur, die Gezeiten des Lebens sind stark und mächtig.

Winter bleibt es nicht für immer. Irgendwann wird es Frühling werden.

Trauer ist ein langer Weg. Für viele ist der „Winter" endlos lang. Die Tage sind grau und kalt und schlimmer noch sind die einsamen Nächte. Und auch wenn der „Frühling" seine ersten Boten schickt, vergeht die Trauer nicht. Auch nicht im „Sommer" und nicht im „Herbst". Aber Trauer verändert sich. Über die Zeit wird die Trauer anders. Der Schmerz ist nicht mehr alles. Der Alltag wird wieder erträglicher. Manchen Kälteeinbruch wird es noch geben, denn der vergehende Winter kämpft mit dem kommenden Frühling. Es bleibt wechselhaft: Mein Herz ist wie April.

Aber auch April wird es in der Trauer nicht für immer bleiben. So wie die Erde auf ihrem Weg um die Sonne nicht stehenbleibt und die Welt draußen ihren Atem nicht anhält, so bleiben auch wir Menschen nicht in unserer Trauer stehen, sondern finden – irgendwann, nach bitteren, schmerzlichen Wegen – zurück ins Leben.

Dieses Buch lädt Sie, liebe Leserin, lieber Leser, ein, sich auf Ihrem Weg durch die „Jahreszeiten der Trauer" von Erzählungen, Märchen und Geschichten begleiten zu lassen. In den Geschichten, die ich erzähle, spiegelt sich meine jahrzehntelange Erfahrung in der Begleitung von trauernden Menschen wider. Sie gehen mit in den „tiefsten Winter", geben der Not und den Fragen des „Mittwinters der Trauer" eine Sprache. Und lassen dann doch die Erfahrung und das Vertrauen spürbar werden, dass Schmerz und tiefste Not nicht das letzte Wort haben werden.

Geschichten sind gute Begleiter. Sie erzählen nicht in der Sprache des Verstandes, sondern mit den Bildern des Herzens. Und wenn Sie die eine oder andere Geschichte dieses Buches wirklich im Herzen anspricht, dann mag daraus auch eine kleine Kraft erwachsen, ein Quantum Mut, Ihren Weg durch den Winter der Trauer weiterzugehen; der Mut auch, nicht zurückzuschrecken wenn die ersten Boten des kommenden Frühlings sich zeigen.

Gute Geschichten haben eine seltsame Kraft. Sie wachsen in unseren Herzen weiter, wenn wir sie mitten hinein in unser eigenes Leben erzählen.

Vielleicht wird Sie das eine oder andere „zu Tränen rühren". Das ist so in der eigenen Trauer. Sehr freuen aber würde es mich, wenn Ihnen meine Geschichten immer wieder auch einmal ein Lächeln schenken und ein Gefühl dafür, dass auch Ihr „Winter" nicht ewig anhalten wird.

Der geliebte Mensch, von dem Sie haben schmerzlich Abschied nehmen müssen, wird der erste sein, der es Ihnen von ganzem Herzen gönnt.

Ihr
Hubert Böke

Im

tiefsten

Winter

der

Trauer

Wenn die Trauer um einen geliebten Menschen über uns hereinbricht, dann wird es in uns und um uns bitter, bitter kalt. Dann bricht die Zeit des tiefsten Winters an. Alles gerät unter eine undurchdringliche Eisschicht. Das Leben in uns gefriert, als wären wir selbst mitgestorben. Ich verstehe mich selbst, ich verstehe die Welt um mich herum nicht mehr. Auch die Wege zu anderen Menschen sind zugeschneit und für alle schwer begehbar.

„Seit dem Tod ihres Mannes hatte kein Sonnenstrahl mehr ihr Herz erreicht. Tief in ihr lauerte ein dumpfer Schmerz und lähmte alles Leben. Ihre Seele war ein See gefrorener Tränen, unter dem Eis aber brodelte eine große Leere", so heißt es in der Erzählung *Raunen*. Sie wird in diesem Buch in drei Teilen erzählt. Jeder Abschnitt erzählt die Geschichte weiter und leitet in das nächste Kapitel ein.

Irgendwann, nach dieser Schockstarre der ersten Trauer, bricht die Eisdecke. All die Gefühle, die unter dem Eis wie weggesperrt waren, kommen herauf vom Grund der wunden Seele. All die Verzweiflung, all die Einsamkeit, all das Nicht-Begreifen, die Angst, der Zorn auf Gott und die Welt und wohl auch auf den, der uns (nicht freiwillig) verlassen hat.

„Es gibt Zeiten", so erzählt die Geschichte vom *Winterengel,* „da frieren nicht nur die Menschen, da frieren auch die Engel."

Es gibt Zeiten, da geraten wir mitten hinein in einen finsteren, kalten Wald wie *Gretel und Hänsel* und wissen nicht: Werden wir jemals wieder herausfinden? Wird die „Hexe" siegen, das, was alle Lebenskraft frisst? Oder wird die Sonne des Lebens für uns noch einmal scheinen und neuer Lebensmut der Verzweiflung trotzen?

So fragen in *Jules Stern* auch die Menschen des Hohen Nordens, wenn der lange Winter anbricht und die Mittwinternacht kommt: „Wird die Sonne noch einmal die eisigen Stürme des Winters vertreiben, wird das Licht den Sieg über die Dunkelheit davontragen?"

Die Winterzeit der Trauer ist eine Zeit voller Schmerz, voller Ungewissheit, voller unbeantworteter Fragen. Und wir sind Gebeutelte im aufkommenden Sturm der Gefühle: „Wird dieser Schmerz jemals erträglicher und das Leben … irgendwann … wieder lebbar?"

Raunen 1

Ihr Leben war ein tiefes, dunkles Loch.

Seit ihr Mann gestorben war, hatte kein Sonnenstrahl mehr ihr Herz erreicht. Tief in ihr lauerte ein dumpfer Schmerz und lähmte alles Leben. Ihre Seele glich einem See gefrorener Tränen und unter dem Eis war eine große Leere.

Menschen, die ihr früher vertraut waren, zogen sich zurück – oder war sie selbst es, die sich in einer dunklen Seelenhöhle verkroch?

Sie fühlte sich, als wäre sie ganz allein auf der Welt.

Der einzige Ort auf dieser Erde, der ihr lieb war und des Besuchens wert, war das Grab ihres Mannes. Dort saß sie Stunde um Stunde.

Über das Grab neigte ein alter Baum seine weiten Äste und spendete Schatten in der Hitze des Sommers.

Hier träumte die Frau von den verlorenen Tagen, als sie noch ganz war und mit ihrem Mann vereint. Hier plauderte sie mit den Gestalten ihrer gemeinsamen Vergangenheit, hier spürte sie die verlorene Nähe ihres Liebsten. Die Welt außerhalb der Friedhofsmauern war nur ein böser Traum.

Doch ließ sich die Welt draußen nicht auf immer ausschließen.

Als die Blätter sich färbten und die dunklen Tage der Winterzeit ihre ersten Boten sandten, jagten Herbststürme übers Land, fegten das Laub von den Bäumen, brachen totes Holz. Wie ein Blatt im Wind, so wurde auch sie hin- und hergeworfen.

Die schützenden Mauern waren zusammengefallen. Eine Sturmflut von Gefühlen brach über sie herein. Es kam eine Zeit voller Schmerz, voller Bitterkeit. Sie begann zu begreifen, dass nichts mehr sein wird, wie es einmal war. Sie wankte zwischen ohnmächtigem Zorn und dem Gefühl tiefster Verlassenheit. Schuldgefühle marterten sie und ein bohrendes „Warum?"

Kalte Novembernebel hielten ihre Seele gefangen, die Sonne am klaren Winterhimmel war ihr Feind. Nichts mehr schmeckte ihr nach Leben. Jeden Morgen war ihr das Aufstehen ein Kampf. Die kleinsten Alltagsaufgaben waren zu groß. Bei jedem Atemzug fehlte er ihr.

Oft war da nur noch ein Wunsch, eine Sehnsucht: dass alles vorüber wäre.

Auf Seite 30 wird die Geschichte weitererzählt.

Winterengel

Auf einem Spaziergang um meinen Lieblingssee ist er mir zum ersten Mal begegnet. Es war Sommer, der Wald über dem See stand in voller Kraft. In einer kleinen Baumhöhle auf vielleicht zweieinhalb Metern Höhe hatte ein Engel Einzug gehalten, handgroß, in weißen Gewändern und mit silbrig leuchtenden Flügeln. Vielleicht hatte damit ein freundlicher Bürger unserer Stadt seine Botschaft hinterlassen. Seltsam, dachte ich. Was macht ein Engel hier im Wald? – Aber es hat mich gefreut! Fast ängstlich habe ich dann bei jedem weiteren Spaziergang Ausschau gehalten nach dem kleinen Waldengel, immer ein wenig in Sorge, dass weniger wohlmeinende Menschen ihn würden „mitgehen" lassen oder ihm gar Schaden zufügen.

Wundersam genug wohnt der Engel auch heute noch, im dritten Sommer nach seinem Einzug, in der Baumhöhle. Über die Jahre jedoch hat sich der kleine Geselle verändert. Aus dem leuchtendweißen Engel ist eine eher zerzauste Gestalt geworden, ein Waldbewohner, der Hitze, Kälte, Regen, Eis, Blitz und Donner und wohl auch manchen Sturm hat überstehen müssen.

So ist es auch mir in den letzten beiden Jahren ergangen. Mein Gang um den Waldsee war in dieser Zeit oft ein großes Vergnügen, ein Aufatmen und Zur-Ruhe-Kommen. Oft genug war es aber auch ein Gang mit schweren Gedanken und Sorgen. Wenn die Bäume ein Ohr für uns hätten, sie hätten manches Hadern und manche Angst und Klage von mir zu hören bekommen. Gerade in solchen Zeiten habe ich umso mehr nach dem kleinen Engel Ausschau gehalten. Vielleicht, weil ich dachte, dass ein Engel wohl mehr vom Glück und von der Not eines Menschen versteht als die Bäume.

Im vergangenen Winter schien es mir, als hätte jemand meinem kleinen Engel einen Mantel aus Borke wie ein schützendes Kleid gegen die Winterkälte umgelegt. Und er sah aus, als hätte er diesen auch Schutz nötig. Es gibt wohl Zeiten, da frieren nicht nur die Menschen in ihren Nöten und Sorgen. Als ich im Winter meinen kleinen Engel betrachtete, schien es mir, dass auch er mächtig friert und ihn das Leben im Wald reichlich mitgenommen hat.

Als er leuchtend und in voller Engelspracht vom Himmel herabgestiegen ist, mitten hinein in den hohen Sommer und die Schönheit des Waldes, da mag er wenig verstanden haben von den Härten des Erdenlebens und von dem, was Himmel und Erde voneinander unterscheidet. Aber hier „auf Erden" ist das Leben so: Manchmal gibt es uns allen Grund, himmelhoch zu jauchzen, und dann wieder ist es so bittererdig anders, dass es uns zu Tode betrübt.

Ja, es gibt Zeiten, da frieren nicht nur wir Menschen, da frieren auch die Engel, die zu uns herabgestiegen sind.

Ich bin dankbar für den kleinen Waldengel, das freundliche Geschenk eines Mitmenschen. Und es macht mir nichts, dass er von seiner Pracht verloren hat. Es tröstet mich eher, weil ich hoffe, dass der kleine Engel mit seiner ihm eigenen Nähe zum Himmel etwas hinauftragen kann von unseren Nöten und Sorgen, Bitten und

Hoffnungen. Ein kleiner „Himmlischer" mag wohl vor dem Ewigen ein besonderes Gehör finden, denn nun hat er selbst etwas erfahren von der Schönheit und der Schwere des Erdenlebens.

Inzwischen ist wieder Sommer und ich sehe: Die Borke, die den kleinen Engel in der Winterkälte geschützt hat, ist eine Hülle aus nachgewachsener Rinde. Als hätte der Baum seinen kleinen Gast nun endgültig willkommen geheißen und ihm Wohnung und Schutz gewährt. In ein paar Jahren mag der Engel hineingewachsen sein in das Herz des Baumes, für uns Waldbesucher nicht mehr sichtbar. Für mich ein schöner Gedanke. Denn offenbar hat sich der Engel entschieden, bei uns zu bleiben. Ein tröstlicher Gedanke.

Seltsam, wenn ich jetzt an meinem kleinen Waldengel vorbeigehe und ihn grüße, sehe ich in all seiner Zerzaustheit wieder ein Leuchten, eine Schönheit, ein Glänzen – als sei er doch nicht ganz von dieser Welt.

Gretel und Hänsel

Seit meinen Kindertagen liebe ich „Hänsel und Gretel". Jetzt bin ich selbst in mein Lieblingsmärchen hineingeraten. Und das hätte ich mir gerne erspart.

Ein paar Tage noch hatten wir die Illusion, wir könnten unser vertrautes Leben retten. Doch je deutlicher die Diagnose sich abzeichnete, desto klarer spürten wir: Es wird nichts mehr sein, wie es einmal war. Lasse hatte einen weit fortgeschrittenen Tumor. Überall im Körper hatte der Krebs schon Metastasen angesiedelt. So sagten es uns die Ärzte nach all ihren Untersuchungen. Und sie gaben uns keine Hoffnung mehr. Eine Chemotherapie konnte – vielleicht – helfen, den Krebs eine kurze Zeit lang einzudämmen. Heilung aber gab es für meinen Geliebten keine mehr. Die große Sanduhr lief und lief.

Warum waren wir nicht früher wach geworden? Warum war Lasse nicht zum Arzt gegangen, als er zum ersten Mal Beschwerden hatte, als er schwächer wurde und die Krebszellen schon an ihm nagten? „Was von alleine kommt, das geht auch wieder von alleine." Lasse hatte schon immer einen weiten Bogen um Ärzte gemacht. Das wusste ich. Aber er hat seine unerklärliche Schwäche lange Zeit vor mir verborgen gehalten – und auch sich selbst nicht eingestanden. Wäre ich nur wacher gewesen und weniger ungeduldig. Er wird alt, dachte ich, wenn ich sah, wie er sich durch manchen Tag quälte. „Schmeckt dir mein Essen nicht mehr?", habe ich ihn gefragt, wenn er sogar sein Lieblingsessen lustlos zur Seite schob.

Irgendwann kam Panik in mir auf. Da stimmte etwas ganz und gar nicht. Es hat noch eine Weile gedauert, bis ich ihn endlich so weit hatte, zu seinem Hausarzt zu gehen. Und dann geschah das, wovor Lasse sich gefürchtet hatte. Der Arzt ließ nicht mehr locker. Schon nach der ersten Untersuchung schickte er ihn in die Klinik.

Mit einem Mal waren wir mitten in einen finsteren Wald geraten. Wie Hänsel und Gretel, die kein Zuhause mehr hatten und den Weg zurück nicht fanden.

Wie soll es jetzt nur weitergehen? O Gott, wohin führst du uns? Nicht in diesen dunklen Wald!

Wir versuchten, uns aneinander festzuhalten. Wie Hänsel und Gretel, Hand in Hand, in diesem fremden Wald. Am Anfang unserer „Nachtwanderung", so hat Lasse unseren schweren Gang „getauft", war er es, der versucht hat, mir Mut zu machen. „Wir werden es schaffen, glaub mir. Wir haben doch immer alles geschafft!" Das waren die Brotstückchen, die er auf den Weg warf, damit wir wieder „nach Hause" finden. Aber die Nachtraben haben sie aufgepickt und wir haben den Weg zurück nicht mehr gefunden.

Seltsam, wie ich das Märchen von Hänsel und Gretel so sehr lieben konnte. Es ist doch nicht schön, sich in einem solchen Wald zu verirren. Aber das weiß man erst, wenn man selbst hineingeraten ist.

Zumindest das konnten wir eine Weile tun, Hand in Hand miteinander gehen. Wir haben sogar gelernt, miteinander zu weinen. Und so schlimm das alles war, ich möchte diese letzte Zeit, die uns blieb, um keinen Preis missen. Denn in all unserer Not haben wir ganz tief gespürt, wie nahe wir uns sind. Manchmal haben wir einfach dagesessen und uns angeschaut. Manchmal haben wir erzählt von unserem Leben. Wie schön wir es miteinander gehabt haben. Natürlich war unser Leben nicht immer nur schön und natürlich haben wir Krisen genug durchstehen müssen und sind auch immer wieder aneinandergeraten. Aber wir haben uns nicht aus dem Herzen verloren. Auch nach seinem Tod habe ich Lasse nicht aus meinem Herzen verloren. Aber er fehlt mir so sehr!

Der Weg durch den finsteren Wald war lang. Wir haben auch manche Hilfe erfahren und es waren Menschen an unserer Seite, die uns das Gefühl gaben, nicht ganz alleine auf der Welt zu sein. Aber in den Nächten waren wir doch mutterseelenallein. Manchmal jeder für sich. In der eigenen Not.

Ich musste zurückdenken an die wunderschöne Märchenoper von Engelbert Humperdinck, die ich einmal als Kind mit meinen Eltern besucht hatte: Da schliefen Hänsel und Gretel mitten im dunklen Wald unter einem mächtigen, alten Baum. Und vom Himmel herab stiegen 14 Engel, die sich schützend um die beiden Kinder stellten:

„Abends wenn ich schlafen geh,
vierzehn Engel um mich steh'n,
zwei zu meiner Rechten, zwei zu meiner Linken,
zwei zu meinen Häuptern, zwei zu meinen Füßen,
zwei, die mich decken, zwei die mich wecken,
zwei die mich führen ins himmlische Paradeis."

Ich hatte lange nicht mehr an mein liebstes Kinderlied gedacht. Aber in den Nächten an Lasses Seite, in seinen, in unseren letzten Nächten, da habe ich es still für uns und für mich gesungen. Und gehofft, dass wenigstens ein Engel bei uns sein möge.

Tage vor seinem Tod wurde Lasse noch einmal wacher. Wenn wir redeten, hat er sogar manchmal leise gelacht, als wäre die Angst von ihm gewichen. Noch einmal hatte ich für eine kurze Zeit die verrückte Hoffnung, dass alles gut wird. Es war wie der Augenblick, als Hänsel und Gretel zum Hexenhaus gelangten: Ein Zauber von Pfefferkuchen und Zuckerguss; ein Zauber, den wir in unserer Liebe zu Zeiten wirklich erlebt haben.

Aber es war ein Zauber, der jetzt verging. Und als die Hexe rief: „Knusper, knusper Knäuschen, wer knuspert an meinem Häuschen?", da hatte ich keine Eingebung wie Hänsel und Gretel. Als der Tod rief, als Lasse gehen musste, da war ich einfach starr.

Dann begann für mich die „Zeit im Haus der Hexe". So fühlte ich mich in meiner ersten Trauer. Lasse war „weggesperrt" wie Hänsel in seinem Gefängnis. Er war nicht mehr bei mir. Ich aber musste funktionieren, musste täglich mein Leben bestehen, musste alle Widrigkeiten meistern, allein und ohne Lasses Hilfe. Es war wie Fronarbeit und ich spürte mich selbst nicht mehr. Wozu und für wen sollte ich dieses Leben noch leben? Ich hätte mir oft gerne die Decke über den Kopf gezogen und wäre Lasse am liebsten hinterhergegangen.

Irgendwann aber stand ich dann doch vor der Wahl. Die „Hexe" flüsterte mir ein: „Du bist nichts mehr wert, dein Leben ist vorbei. Gib einfach auf! Das ist leicht." – Es hat lange Zeit gedauert, aber dann fiel mir wieder ein, wie das Märchen von Hans und Gretel weitergeht: Die

Hexe fordert Gretel auf, in ihren Backofen zu steigen. Gretel hat an ihrer statt die Hexe hineingestoßen. – Ich stoße meine bodenlose Verzweiflung hinein, dieses schwarze Loch, das mir allen Lebensmut raubt. Das soll brennen und vergehen!

Ich aber, ich will leben!

Und Lasse? Er will mich gewiss nicht in diesem Brennofen sehen.

So „einfach" wie im Märchen wird unsere Geschichte nicht ausgehen. Es wird nicht heißen: Sie kehrten nach Hause zurück und lebten glücklich bis an das Ende ihrer Tage. Mein „Hans" ist nicht mehr an meiner Seite. Aber wenn ich meinen Weg zurück finde, dann will ich darauf vertrauen, dass er in meinem Herzen bei mir sein wird. Jeder von uns wird dann seine eigene „Erlösung", sein eigenes „Zuhause" finden. Aber eines Tages werden wir wieder beieinander sein. Vielleicht leben wir in einem schönen, reetgedeckten Haus am Rande eines weiten, lichten Waldes, dort in der anderen Welt.

Ich hoffe, dass da wenigstens ein Engel ist, der mir Kraft gibt, mein Leben hier zu bestehen. Und irgendwann wird auch der Schmerz nicht mehr alles sein und mein Alltag wird erträglicher werden. Vielleicht kommt sogar noch einmal eine Zeit, in der ich wieder ein Stückchen vom Pfefferkuchen schmecken darf?

Ich bin sicher: Im Himmel wird sich Lasse daran freuen.

Hoch droben im Norden der Welt lebte einst das Volk der Mitternachtssonne. Die Sommer waren kurz dort. Es gab kein Volk, das die Zeiten der Sommersonne so auszukosten wusste. Sie feierten bis mitten in die Nächte hinein, tanzten, sprangen und umarmten sich.

Mit den Menschen feierten die Wälder und Felder. Bunte Schmetterlinge tanzten über Wiesen und Moore. Trolle sprangen nach den Wölfen. Durch die Mitternachtssonne wehte wie Blätterrauschen der Harfenklang fröhlicher Elfenfeste.

Als die Sonne des lustigen Treibens müde wurde, versank sie hinter den Bergen in tiefem Schlaf. Die Birkenwälder glühten in den goldenen Farben des Herbstes. Es wurde still im Lande der Mitternachtssonne.

Mit den ersten Boten des Winters kehrte in die Hütten die Furcht vor der langen Nacht ein. Schon sagten die ersten: „Die ewige Dunkelheit zieht herauf; wird uns die Sonne des Lebens jemals wieder scheinen?" Die Menschen drangen auf die Priester ein, die Götter zu besänftigen. Sie fürchteten den „Kalten Tod". Doch so hoch die Opferfeuer auch loderten, in ihren Herzen blieb die Furcht.

Jule hatte noch nicht viel von der Welt gesehen. Er wusste wenig von den Göttern. Anders als seine Spielgefährten liebte er die dunklen Nächte, wenn der Himmel aufklarte und die Sterne über den Wäldern wie tausend

Feuer strahlten. Jule sei ein seltsames Kind, sagten die Eltern und die Geschwister. Doch ließen sie ihm seine Launen. In warme Felle gehüllt stapfte er auf seinen Schneeschuhen durch den stillen Winterwald. Über ihm sangen die Sterne ihre schweigende Symphonie, und Jule sah im Schnee die Spuren von Feen und Kobolden.

Jule hatte Freundschaft geschlossen mit einem Stern. Das war sein Geheimnis. Hoch über dem Winterwald saß er auf einem Felsen und rief den Stern wie einen Freund. Und der Stern sandte ihm aus unendlicher Ferne seine Gedanken wie in einem unaufhörlichen Glänzen. Kann man Freundschaft schließen mit einem Stern, werdet ihr fragen. Wer vermag das zu sagen? Es war Jules Geheimnis. Doch hat es wohl zu allen Zeiten Menschen gegeben, die den Gesang der Sterne hörten (und die Sprache der Pflanzen und Tiere verstanden).

So ging es auch Jule. Er hörte die Sterne singen, er verstand ihre Worte. Beim Lauschen auf die wundersamen Geschichten wurde die Welt größer und schöner, als er je geahnt hatte. Sein Stern erzählte von seinen Reisen über endlose Meere und Wüsten, himmelhohe Gebirge und weite Grasländer; auch von schwarzen, roten und gelben Kindern. „Du erzählst Märchen", beschwerte sich Jule zuweilen. Doch im Licht des Sterns lernte er mit der Zeit, die Geschichten wie in einem Spiegel zu lesen. Wie wunderbar war doch diese Welt, voller Überraschungen und voller bunter Farben.

Eines Abends mahnten ihn die Eltern, das Haus nicht zu verlassen. Es sei Mittwinternacht, die dunkelste Nacht des Jahres. In dieser Nacht würde sich der Lauf des Jahres entscheiden: Wird die Sonne noch einmal die eisigen Stürme des Winters vertreiben, wird das Licht den Sieg über die Dunkelheit davontragen?

Jule hat keine Angst vor der Dunkelheit. Ein Stern erwartete ihn. Seine Nacht wird hell sein. In der Mitte des Waldes angelangt, schaute er zum Himmel hinauf. Oben am Himmel wartete schon sein Stern.

„Hier bin ich!", rief Jule.

Doch sein Freund, versunken in seine wunderbare Welt, antwortete nicht. Jule wurde ungeduldig.

„Was siehst du, Stern?"

Durch Jahrmilliarden ging seine Reise. Doch nie hatte er ein solches Licht gesehen.

Ein Glänzen, ein Strahlen breitete sich über Jules Gesicht. Er musste die Augen schließen, so hell wurde es und wärmte ihn bis ins Herz.

„Was ist das, Stern? ... Ist es die wiedergeborene Sonne, die den Winter vertreibt?"

Der Stern schwieg. Jule schaute ein Licht, heller als tausend Sonnen. Die Geschöpfe des Waldes hatten sich eingefunden: Rentiere, Elche, Wölfe, Luchse, Trolle, Elfen. Für einen Atemzug hatte die Ewigkeit den dunklen Winterwald in ihr strahlendes Licht getaucht. Für einen Augenblick ist die Furcht aus der Welt gewichen.

Jule durfte noch viele Mittwinternächte erleben. Als Kind, als Jugendlicher, als Erwachsener. Oft ist ihm die Furcht der Geschöpfe des Nordlandes vor der Dunkelheit des Lebens begegnet. Auch er hat in seinem Leben manch dunkle Stunde erlebt. Die Freundschaft mit seinem Stern hat ihm geholfen, durch die Jahre zu gehen. So fand er zu sich selbst, und in ihm wuchs die Kraft, den Weg zu gehen, der ihm richtig für sein Leben schien.

Aus dem Jungen wurde ein um seiner Weisheit willen hochgeschätzter Mann seines Volkes. Man nannte ihn „Der-seinem-Stern-folgt". Die Menschen spürten, dass er – anders als sie – die Dunkelheit nicht fürchtet. Der Glanz jener Nacht, die Gewissheit, dass das Dunkel das Licht nie mehr besiegen werde, machte seinen Weg sicher. Oft erinnerten sich Jule und sein Stern an die Geburt des Lichtes in jener Mittwinternacht. In den Stunden, in denen Jule das eigene Dunkel des Lebens durchwandern musste, tröstete ihn tief im Herzen das Licht der Erinnerung und gab ihm neuen Mut.

Am Ende seiner Tage, als alter Mann, ließ Jule den verbrauchten Körper auf dem Lager zurück. Er wanderte noch einmal durch das kalte Winterland zum felsigen Ort über den Wäldern.

Er schaute hinauf zum Himmel und begrüßte seinen Stern, aufgeregt wie der kleine Junge, der er einmal war.

„Hier bin ich, Stern! Sieh doch, Stern, sieh doch das Licht!"

„Ja, Jule, alter Freund. Ich sehe das Licht … Ich höre eine Stimme. Sie ruft deinen Namen."

Wenn

die

Tage

wieder

länger

werden

Die Mittwinternacht ist die längste Nacht des Jahres. Noch ist es tiefster Winter und bis zur Tag- und Nachtgleiche zieht es sich lange hin. Die Tage aber werden spürbar länger. Die Talsohle ist durchschritten. Doch es kommen trotzdem noch die kalten Tage und bitterkalten Nächte. Oft bringen erst der Januar und Februar den großen Schnee.

So ist die Trauer noch lange nicht „überstanden". Das wird sie niemals sein. Der leere Platz im Herzen wird bleiben. Im Alltag aber geschieht es, dass der Schmerz nicht mehr alles überdeckt wie brennendkalter Schnee:

„Über der brodelnden Leere … wachsen ganz langsam, ganz allmählich zarte Fäden und überspannen den Abgrund … Die Stunden, in denen sie an ihren Schmerz nicht mehr dachte, wurden länger." So heißt es in *Raunen*.

Von einem Garten, dem es an jeglicher Farbe und Lebendigkeit fehlt und in dem alles auf den kommenden Frühling wartet, erzählt *Morgenwind*.

Doch „ich weiß nicht seit wann, ist das anders. Der Nebel der Trauer ist durchsichtiger geworden, ganz langsam und leise ist das Leben zu mir zurückgekehrt," beschreibt der Ich-Erzähler in *Lillith und die Sternenstraße* die erlebte Veränderung seiner Trauer. Er muss nun seinerseits einen schweren eigenen Weg bestehen. Hilfe wird ihm zuteil, von wo er sie am wenigsten erwartet.

In der Fabel *Die Blume und die Raupe* schließlich kann eine Raupe sich nicht vorstellen, dass da noch ein anderes Leben auf sie wartet. Erst im Kokon – im Rückzug und der schmerzlichen, ungewollten Einsamkeit – bereitet sich das Neue vor.

Im Januar schon beginnen die ersten Vögel wieder zu singen, zaghaft noch, als wollten sie austesten, ob ihr Gesang der Kälte und Dunkelheit standhalten kann. Sie trotzen dem Winter. Weil sie spüren, dass er nicht das letzte Wort behalten wird.

Raunen II

So verging das Jahr: Winter, Frühling, Sommer, Herbst, Winter. Immer wieder fiel die Trauer sie an, und sie duckte sich wie ein verwundetes Reh. Doch wurden die Stunden, in denen sie an ihren Schmerz nicht mehr dachte, länger. Über der bodenlosen Leere wuchsen ganz langsam, ganz allmählich zarte Fäden und überspannten den Abgrund.

Als der zweite Winter sich dem Ende zuneigte, war es ihr, als höre sie die Stimme ihres Mannes.

Sie folgte seiner Stimme, und er führte sie vom Friedhof fort in den nahen Waldpark. Nicht lange, und die Frau gelangte an einen Ort, den sie oft mit ihrem Mann aufgesucht hatte. Unter einer mächtigen Eiche stand eine Bank. Ein naher Bach schlängelte sich durch's Gehölz. Hier hatten sie oft gesessen, Seite an Seite, und hatten dem leisen Plätschern des Wassers gelauscht und dem Rauschen des Windes in den Blättern. Ihr Mann hatte diesen Ort geliebt wie keinen anderen auf der Erde, und manches Mal schien es ihr, als könne er die Bäume sprechen hören.

Wann immer sie konnte, kam sie nun an diesen stillen Ort. „Vergrab dich nicht in deinen Erinnerungen!", hatten Freunde sie gemahnt, als sie Tag für Tag zum Friedhof ging. Jetzt mahnten die Freunde, sie solle sich nicht in ihr Alleinsein flüchten. Doch sie spürte, dass sie ihren eigenen Weg gehen musste. Die Einsamkeit des Waldes schreckte sie nicht; sie tat ihr gut.

Unmerklich öffnete sich ihr Herz dem Murmeln des Baches und den raunenden Bäumen. Sie vertraute sich in ihrem Schmerz Wind und Wasser an, und wenn sie ihnen von ihrem Kummer erzählte, wurde es still in ihr. Sie spürte, wie die Bäume sie mit uralter, freundlicher Kraft umgaben. Mitten im Winter schmolzen Tautropfen vom Eisring, der ihr Herz umschloss, und vermischten sich mit ihren Tränen.

Auf Seite 65 wird die Geschichte weitererzählt.

Morgenwind

Einem Mönch wurde die Aufgabe zuteil, den Klostergarten seiner Abtei zu bebauen, doch fehlte es ihm am nötigen Geschick. Seine Pflanzen wollten nicht recht gedeihen.

Da hörte er von einer alten Frau, die in den Wäldern hauste. Die Leute sagten von ihr, dass sie um alle Geheimnisse von Blatt und Kraut wisse.

Also machte sich der Mönch auf den Weg in den Wald, um guten Rat zu holen. Die Alte kehrte mit ihm zurück in den Klostergarten und gemeinsam gingen die beiden von Kraut zu Kraut.

Modergeruch lag über dem Garten und die weise Frau aus den Wäldern spürte gar wohl, dass an diesem Ort nichts wuchs, wie es die Schöpferin allen Lebens bestimmt hatte.

Bekümmert betrachtete sie die seltsamen Kräuter und Blumen.

Da war ein Kraut mit Namen Großling. Das wuchs und wuchs und nahm allem anderen Gewächs das Licht. Seine Stängel aber waren dürr und dünn und den Wurzeln fehlte es an Halt in der Erde.

Nun konnte die Alte noch die Sprache der Blumen und Kräuter verstehen und so vernahm sie des Großlings schrilles Lied:

„Groß will ich werden und wachsen und wachsen, dass alles aufschaut zu mir, drum – darf ich nicht ruh'n und nicht rasten."

Traurig schüttelte die Frau ihren Kopf.

Dicht daneben stand ein gar mickriges Gewächs.

Es war der Kümmerling. Der wollte nun gar nicht wachsen und ließ all seine Säfte verdorren.

„Ach!!", war sein Lied.

„Ach, könnt ich nur sein wie der Großling dort.

Wär das eine Lust!

Doch Nichts bin ich und Nichts werd ich!"

Und so kümmerte er vor sich hin.

Anders der Bitterling. Von fern stieg der Alten schon der Geruch in die Nase:

„Bitter sind all meine Säfte,

elend mein Leben vergeht,

grau ist die Welt, die ich seh!"

Ist's so?, dachte die Alte und schaute sich um. Und wirklich, im Garten fehlte es an jeder Farbe und kein Vogel war da, der sang.

Schließlich kamen die Kräuterweise und der Mönch zu einer Blume, die schien schon verblüht, bevor ihr die Knospen noch sprossen.

„Was bist denn du für eine Blume?", fragte die Alte.

„Ich?! Meinst du mich?"

„Ja, dich meine ich!"

„Ja? ... Hm, dann will ich's dir sagen, gute Frau. Liebling heißt man mich. Doch hat keiner mich lieb! Dabei bin ich doch eine ganz besondere Blume!

Und hätt mich nur einer lieb,

wie herrlich wollt ich erblüh'n und gedeih'n."

Die Alte wandte sich zum Mönch:

„Was hast du da nur für einen wunderlichen Garten?"

„Du sagst es", antwortete der. „Doch was soll ich tun?"

„Was hast du getan?", fragte die Frau ihn zurück.

„Oh, ich pflege meine Kräuter, so gut ich's vermag. Geb ihnen Wasser und Dung zur rechten Zeit. Doch sie wollen's nicht vergelten!

Einmal kam mir der Gedanke, ich sollt sie erschrecken.

Ich nahm mir einen kupfernen Spiegel und hielt ihnen ihr absonderliches Bild vor.

Aber das half nun gar nichts. Dann wieder wollt ich ihren Mut wecken. Aus der Klosterbibliothek holte ich die alte Schrift mit den Blumenbildern. Ich zeigte ihnen, wie sie aussehen sollten, jedem Kraut und jeder Blume zeigte ich das selbsteigene Bild.

Doch wieder half's nichts und nun weiß ich mir keinen Rat mehr."

Die Alte setzte sich sinnend auf die Mauer. Drei Fuß hoch umschloss sie den Klostergarten. Lang versank sie in Schweigen.

Da rührte sich ein leiser Wind an und mit dem Wind kam guter Rat.

„Höre, Mönch. Recht hast du getan mit all deiner Müh. Aber nun musst du zuallererst die Mauer abtragen!"

Der Mönch runzelte besorgt die Stirn.

„Wenn du die Mauer abgetragen hast, dann gieß sie nur weiter, deine Kräuter und Blumen, gib ihnen Dung zur rechten Zeit. Erschrick sie nicht, mach ihnen keine Vorhaltungen, rede freundlich mit ihnen.

Dann aber warte. Warte bis der Wind der Schöpferin kommt und ihre Lebensgeister weckt!"

Der Mönch bedachte den Rat der Alten wohl und weil ihm seine Blumen und Kräuter am Herzen lagen, tat er, wie ihm geheißen.

Er trug die Mauer ab. Er pflegte seinen Garten, so gut es ihm gegeben war. Er wartete – wartete Tag um Tag.

Als die Sonne aufging, kam leise der Morgenwind.

Er weckte die Blume Liebling und strich ihr ganz zart über's Blatt.

„Der Morgenwind hat mich geküsst!", jubelte Liebling. Sie erglühte vor Freude.

Die Blätter ihres Blütenkelches, die sie so lange verschlossen gehalten hatte, öffneten sich. Eine blühende Rose verströmte ihren Duft und brachte ihr leuchtendes Rot in das trostlose Grau des Gartens.

Der Morgenwind trug den Rosenduft zu Bitterling.

Und Bitterling öffnete all seine Poren – doch zu glauben vermochte er es kaum.

Gab es denn einen solch herrlichen Duft?

Da kam ihm das Bild in den Sinn, das der Mönch ihm gezeigt hatte. Auch das hatte er nicht geglaubt! Aus seinem bitteren Blattwerk sollten schön anzusehende, süße Früchte wachsen. Wie wohl sollte das zugehen? Doch, wiederum, wer hätte je gedacht, dass ein solch wunderbarer Duft nach Rosen und Leben die Welt erfüllen könnte. Wenn das so war, schlussfolgerte der Bitterling nun, dann mochte wohl auch wahr sein, was der Mönch von ihm gesagt hatte.

So hielt der Bitterling zaudernde Zwiesprache mit sich selbst und so entdeckte er, mühsam sich windend, das Samenkorn jener süßen Frucht in sich selbst. Und da die Rose weiter ihren herrlichen Duft verströmte, ließ endlich auch er das Samenkorn wachsen. So schenkte er dem Garten süße Frucht und goldene Farben.

Mit dem Morgenwind der Schöpferin kamen die Vögel geflogen und sangen ihr Lied. Das vernahm der Kümmerling. Seines alten Liedes überdrüssig, hörte er das neue Singen und seine Seele wurde weit und groß und mit seiner Seele wuchs ihm eine schöne Gestalt und schenkte dem Garten köstliche, saftige Beeren.

Den Großling aber rührte der Morgenwind nicht. „Was soll's mir!", höhnte er ihm zu.

Da kam der Frühlingssturm und vertrieb allen Modergeruch aus dem Garten. Und er zerrte und rüttelte an dem dürren Gestänge des Großlings, dass es bald aus war mit ihm. Aus Schrecken ließ er all seine Säfte in die Wurzeln fahren und hielt sich fest in die Erde gekrallt. Darüber hörte er auf, in die Höhe zu wachsen. Seine Stängel wurden fest und stark. In der Erde aber wuchsen ihm nahrhafte Knollen, die den Hunger der Menschen stillten.

Als die weise Alte im Sommer den Mönch besuchte, sah sie schon aus der Ferne einen blühenden Garten, und die Wohlgerüche der Kräuter und Blumen begrüßten sie. „Ei, Mönch", sagte die Frau, „was hast du da für einen herrlichen Garten!"

„Recht hast du, Frau Weisheit.

Dir dank ich's, dass ich Gottes Kraft hab schaffen lassen.

Nun sieh, Er hat das Leben der Kräuter und Blumen erweckt."

„Ja, Dank sei der Schöpferin", sprach die Alte und ging mit dem Mönch von Blume zu Blume und sie hatten ihre Freude daran.

Lillith und die Sternenstraße

Ich weiß nicht, ob ich Katzen wirklich mag. Ich mag ihre geschmeidige Eleganz und Kraft, ihren eigenwilligen Charakter, die ganze Art, ihre Lust am Leben zu zelebrieren, alles das fasziniert mich. Doch wenn sie einen anstarren aus den schmalen, dunklen Schlitzen in ihren gelben Augen, dann frage ich mich, was sie da ausbrüten in ihren Katzenhirnen.

Ein Alptraum, wärest du klein und sie groß. Es kam der Tag, da schien es mir, als wäre dieser Alptraum Wirklichkeit geworden. Ich war seit zwei Wochen in der Klinik. Mit bösen Vorahnungen wartete ich auf die Diagnose. Der Arzt war mit ernster Miene an mein Bett getreten, hatte um den heißen Brei herum geredet, sprach von weiteren Untersuchungen und den Möglichkeiten schmerzlindernder Therapie. Jede seiner Gesten sollte mich beruhigen.

In seinen Augen aber habe ich gelesen, dass mein Schicksal nicht gewillt war, mich zu schonen. Die Medizin hatte mich durch all ihre Hightechgeräte und Apparaturen gejagt. Aber Hilfe wusste sie nicht. Ich lag da wie ausgespuckt. Als ich in dieser Nacht aufwachte, voller Angst, und der Hals mir vor Furcht wie zugeschnürt war, da dachte ich: Jetzt ist es soweit, jetzt ist sie gewachsen, die schwarze, große Katze; jetzt wetzt sie ihre Krallen und schärft ihre Zähne. Jetzt spielt sie ihr Katz- und Mausspiel mit dir. Am Tag danach habe ich dicht gemacht. Den Besuchern sagte ich, es stünde alles gut. Ich tat, als hätte ich nichts Besorgniserregendes mitbekommen. Aber das, was ich nicht hören wollte, hatte sich in mir breit gemacht.

Es war nicht der richtige Augenblick! Vor drei Jahren, als meine Liebste ganz leise und still an meiner Seite eingeschlafen war, hätte ich diese Nachricht willkommen geheißen. Auch vor einem Jahr noch hätte ich wohl nur mit der Schulter gezuckt. Das waren die Tage, und vor allem die Nächte, in denen ich mir nichts sehnlicher gewünscht hätte, als meiner geliebten Frau nachzugehen. Seit ein paar Monaten, ich weiß nicht seit wann, ist das anders. Der Nebel der Trauer ist durchsichtiger geworden, ganz langsam und leise ist das Leben wieder zu mir zurückgekehrt.

Diese Krankheit kam zur Unzeit. Ich wollte leben; das Schicksal aber hat es anders bestimmt. Warum? Warum jetzt? Gibt es einen Gott, der unser Schicksal bestimmt, muss er eine seltsame Art von Humor haben. Ich verstehe sie nicht. Vielleicht hat er das Herz einer Katze, die mit dem Schrecken ihrer Opfer spielt. Genauso fühlte ich mich in diesen Tagen – und mehr noch in den endlosen, dunklen, einsamen Nächten: wie eine Maus, mit der die große, schwarze Katze ihr Spiel spielt. Und es gab kein Loch, in das ich mich hätte flüchten können.

Dann allerdings geschah etwas, und damit habe ich noch weniger gerechnet als mit dieser elenden Krankheit. Ich weiß nicht, wie ich es erzählen soll. Eines Nachts – es war wohl eine Woche nach der Diagnose der Ärzte –, war da wirklich eine Katze. Sie sprang auf mein Bett, ich weiß nicht woher. Und ich war wie gelähmt vor Schreck, als ich in zwei nachtweite, dunkle Augen sah, die mich an-starrten. Aber es war nicht die große, schwarze Katze. Diese Katze, klein und zierlich, legte sich ganz vorsichtig zu mir. Zärtlich schnurrend presste sie ihr warmes, wei-ches Fell an meinen Bauch. Ich spürte ihre sanfte Pfote und sah, dass sie weiß war. Und sie legte ihre kleine Pfote genau dahin, wo der Schmerz pochte.

Da erkannte ich sie. Es war die Katze meiner großen Liebe, meiner Frau. Es war ihre Katze, auch wenn ich mir erlaubte, mit ihr dasselbe Haus zu teilen. In den Jahren vor ihrem Tod hat meine Frau an zunehmender Herz-schwäche gelitten. Schon in jungen Jahren hatte eine Entzündung ihr Herz angegriffen, und sie hat sich nie-mals wirklich davon erholt. Sie hatte wirklich gute Zei-ten, aber auch genug schreckliche Tage, die über ihre Kraft gingen. Ich selbst stand noch mitten im Beruf. Tags-über konnte ich nicht bei ihr sein. Ihre kleine, zärtliche Katze aber war immer bei ihr. Wenn sie sich mit ihrer Schwäche ins Bett zurückzog und den Schlaf suchte, kam die Katze ganz still und leise, schmiegte sich an ih-ren Bauch und schnurrte sie in den Schlaf.

Gegen ihre Schwäche musste meine Geliebte in all un-seren gemeinsamen Jahren kämpfen. Ich habe mir viele Sorgen um sie gemacht. Wirklich gebraucht hat sie das nicht. Ihr Körper war schwach. Sie selbst aber war stark.

Vielleicht war es das, was mich so sehr zu ihr hingezo-gen hat: ihr warmes Lachen und ihr Lebensmut. Und ihre Art, die guten Tage zu genießen. Sie glich einer Sonnen-blume, die sich noch dem kleinen Sonnenstrahl entge-genstreckt. „Das ist so, wenn du nicht weißt, ob nicht der nächste Tag schon wieder all deine Kraft verschlingt."

Aus beiden Kelchen hat sie reichlich getrunken: aus dem Kelch des Glücks und aus dem Kelch des Elends. In all den Jahren hat sie ihr warmes Lachen nicht verloren. Vielleicht war es in späteren Jahren nur mehr ein Lächeln, aber es hat mein Herz gewärmt. Auch anderen hat sie Mut gemacht; gerade denen, die das Leben gebeutelt hat wie sie selbst. Das war die Stärke, die ihr geschenkt war: andere aufzurichten in ihrer Mutlosigkeit. Ich glaube, sie hatte die Gabe, Menschen ins Herz zu schauen und darin das zu sehen, was sie wertvoll macht. Oft habe ich mir gewünscht, sie würde ihre Kräfte mehr aufsparen, für sich selbst – und, wenn ich ehrlich bin, auch für mich. Anderen Mut zu machen, kostet Kraft; vor allem, wenn die eigenen Kräfte schwinden. Doch das war ihre Wesensart. Ich habe mich gesehnt nach Leichtigkeit und Unbeschwertheit. Dass uns das Schicksal so wenig davon zugeteilt hat, grollt als bitterer Zorn in mir.

Sie war stark, meine Geliebte. Doch kamen die Tiefschläge immer dichter. Gegen Ende hat sie sich immer häufiger zurückgezogen. Das waren Zeiten der Mutlosigkeit. In solchen Augenblicken blieb jeder allein mit sich selbst – gefangen in der eigenen Not, jeder am Ende mit seiner Kraft. Das waren die Zeiten, in denen sich eine andere Freundschaft bewährt hat. Vor mir wollte sie ihre Mutlosigkeit nicht eingestehen. Sie hatte Angst, auch um mich. Eher suchte sie mich zu trösten, als dass es mir gelang, ihr Mut zu machen. Das hat unsere Liebe nicht klein gemacht, aber es hat sie an ihre Grenzen gebracht. Vor ihrer Katzengefährtin jedoch konnte sie so elend und mutlos sein, wie sie sich wirklich fühlte. Ihre Katze kam still und leise zu ihr, legte sich sanft an ihre Seite und schnurrte sie in den Schlaf. Lillith hat sie ihre Katze getauft – auf den Namen einer Göttin der Nacht, weil ihr Fell schwarz war wie die Nacht. Nur ihre Pfoten waren weiß wie Schnee oder wie die Milchstraße am nachtschwarzen Himmel. Dass sie Trost und Schlaf spendete wie eine freundliche Göttin, das haben wir damals nicht gewusst.

Ich hätte Lilliths zärtliches Schnurren unter tausend Katzen herausgehört. Sie war es, die in der Nacht zu mir gekommen ist. Fing ich an, verrückt zu werden? War es schon so weit, dass die Metastasen in meinen Kopf hinaufgewandert waren und sich dort eingenistet hatten? Meine Frau hätte mich verstanden. Doch sie war nicht mehr bei mir. Der Gedanke, der mir kam, war verrückt, aber auch tröstlich: Meine Liebste hat Lillith zu mir geschickt, mitten hinein in die einsame Trostlosigkeit meiner letzten Tage. Ich schlief tief und fest in dieser Nacht. Das Schnurren von Lillith hat mir Ruhe gebracht. Als ich am Morgen aufwachte, war Lillith nicht mehr bei mir. Natürlich war sie nicht mehr da. Und natürlich war sie auch in der Nacht nicht bei mir gewesen. Noch funktionierte mein Kopf. Aber das war kein Trost.

In einer Klinik läuft alles ab, als hätte einer das Tempo auf Zeitraffer gestellt. Nur die Zeit der Kranken vergeht nicht. Am Tag nach Lilliths nächtlichem Besuch wurde mir jede Minute zur Ewigkeit. Denn ich wartete nur auf die Nacht. Vielleicht wollte ich mir beweisen, dass ich nur geträumt hatte. Gewünscht habe ich mir insgeheim etwas anderes. Denn als es endlich, endlich dunkel ge-

worden war und in das laute, schnelle Haus die Stille ein-
zog, da dachte ich nur: Wird sie wieder kommen, Lillith,
die Gefährtin meiner Liebe, die sie mir geschickt hatte
zum Trost? Mach dich nicht zum Esel deiner Wünsche,
sagte mein Kopf. Sie wird nicht kommen!

Und doch ist sie gekommen; wie in jeder der Nächte,
die ich noch zu bestehen hatte. Lillith ist gekommen und
ich habe sie erst gespürt, als ihre Barthaare mich kitzel-
ten und sie mich zärtlich mit ihrer nassen Nase anstups-
te. Ganz sanft und leise hat sie sich zu mir gelegt und hat
mich in den Schlaf geschnurrt.

In einer Klinik lernst du herauszufinden, wer das „Guten Morgen" meint, wie er es sagt. Und das „Gute Nacht,
schlafen Sie gut!" Eine der Nachtschwestern meinte wirklich, was sie sagte. Sie wusste, dass die Nacht für ihre Pa-
tienten die Zeit der Gespenster ist. Sie wusste, dass einer
in der Nacht mutterseelenallein bleibt mit sich und seinen schweren Gedanken – auch dass die Schmerzen in
der Nacht keine Ablenkung finden. Immer, wenn Schwester Elisa ihre Nachtwache begann, kam sie für ein paar
Minuten zu mir. Wir redeten einfach, nichts Großes und
nichts Schweres. Das tat gut. Über ihren Tag zuhause und
den Besuch, den ich bekommen habe, über Gott und die
Welt und das Wetter. Einmal redeten wir über Katzen.
Schwester Elisa hatte zwei Katzen zu Hause. Sie war sich
sicher, dass Katzen ein besonderes Gespür für uns Menschen haben – und auch für ganz andere Dinge. Deshalb
hatte ich auch den Mut, ihr von Lillith zu erzählen. Sonst
erfuhr niemand davon. Sie hörte zu. Von da an fragte sie
immer lächelnd nach Lillith, wenn sie am Abend zum
Dienst kam. Sie freute sich für mich und in Schwester

Elisas Lächeln lag nichts, was mir das Gefühl gab, verrückt zu sein.

Wohl eine Woche, nachdem Lilliths nächtliche Besuche begonnen hatten, träumte ich einen seltsamen Traum: Lillith kam eine Treppe herauf. Es war eine Treppe voller Licht und Glanz, deren Stufen aus lauter Edelsteinen gebaut waren. Ganz versunken war ich in das vielschimmernde Leuchten, bis mir klar wurde, dass sie für mich gebaut war, diese Treppe von Edelsteinen, und ich sollte auf ihr hinabsteigen.

Ich zögerte, traute mich kaum, die Stufen auch nur mit meinen Zehenspitzen zu berühren. Da sah ich einen schwarzen Schatten an mir vorbeihuschen. Er tänzelte hinab über die Stufen bis er aus meinen Augen entschwand – Lillith. Und so betrat auch ich diese seltsame Traumtreppe und stieg staunend und vorsichtig Stufe für Stufe hinab. Dabei war es mir, als öffnete sich auf jeder Stufe ein Füllhorn von Erinnerungen. Bilder aus meinem Leben von meiner Kinderzeit bis zu den Tagen heute zogen an mir vorbei. Immer noch staunend ahnte ich, dass ich bald den Grund der Treppe erreichen würde. Meine Knie begannen zu zittern, ich wollte die letzten Schritte nicht mehr gehen. Aber ich musste gehen, auch die letzten Stufen musste ich hinabsteigen.

Ich war nicht vorbereitet auf das, was mich dort am Treppengrund erwartete. Mit einem Mal stand ich in einem dunklen, engen Raum. Nur das letzte Nachleuchten der untersten Stufen zeigte mir, dass ich in einem Verschlag stand, gezimmert aus rohen Brettern, so eng, dass ich mich kaum umdrehen konnte. Überall stieß ich an

Wände. Das Zittern, das durch meinen Körper ging, war nichts gegen die Angst, die nach meinem Herzen griff. Das also war das Ende aller Dinge. Dahin musst du gehen. Wie lange ich da stand – erschrocken und unendlich traurig –, kann ich nicht sagen. Dann aber huschte wieder ein tänzelnder Schatten an mir vorbei und ich spürte Lilliths seidiges Fell, als sie an meinen Beinen vorbeistrich. Bevor ich noch begriff, was geschah, sah ich sie durch einen schmalen, engen Spalt verschwinden. Hinaus aus dem dunklen Verschlag.

Verwirrt vom Zwiespalt der Traumbilder, verzaubert von einem unbeschreiblichen Leuchten und Strahlen und verängstigt von der dunklen Enge wachte ich auf. Den ganzen Tag über stand ich neben mir. Immer wieder stiegen diese Bilder in mir auf – mehr als die leuchtenden Stufen aus Edelstein, das dunkle Loch, meine mit Brettern vernagelte Welt. Eines war mir klar: Da unten, tief unter der Erde, würde bald mein mürber Körper in einem dunklen Bretterverschlag liegen. Es war, als legte man mir eine Schlinge um den Hals – und ich hatte keine Chance auf Begnadigung.

Wäre Don Jorge nicht gewesen, ich weiß nicht, wie ich diesen Tag überstanden hätte. Don Jorge war Arzt. Er war Chilene, großgewachsen mit viel Spanier- und viel Indioblut in seinen Adern. Als er hörte, dass ich als Schüler ein halbes Jahr in seinem wunderschönen Land zugebracht hatte, entstand ein besonderer Draht zwischen uns. Dabei war Don Jorge wie sein Land: abweisend wie die Atacamawüste im Norden, rau wie der sturmgepeitschte Süden. Sein Temperament glich den unberechenbaren Vulkanen der Anden. Zuweilen aber war er freundlich und warm wie das grüne Herz Chiles im milden Licht der Frühlingssonne. Welches seiner Gesichter er dir zeigen würde, wusstest du nie im Voraus. An diesem Tag setzte er sich einfach auf meine Bettkante und ließ mich von meinem Traum und meinen wirren Gedanken erzählen. Er hörte mir einfach zu. Nur hin und wieder fragte er nach, zum Beispiel nach der Anzahl der Stufen. Das verblüffte mich. Ich musste nachdenken. Dreißig, nein vielleicht eher vierzig oder fünfzig. Nein, fünfundvierzig waren es! Wieso wusste ich das mit einem Mal so genau? Erst beim Aussprechen wurde mir klar, was ich da gesagt hatte. Denn fünfundvierzig war die Zahl meiner Lebensjahre. „Dann also sind die Stufen die Jahre Ihres Lebens, hombre?" So musste es sein. Auf der Treppe waren mir unzählig viele Erinnerungen gekommen. Ja, eigentlich war mein ganzes Leben an mir vorbeigezogen als ich, langsam und staunend, auf den Stufen hinabgestiegen war.

„Ein starkes Bild, das Ihre Seele Ihnen schenkt!", meinte Don Jorge. Meine Lebensjahre – gebaut aus leuchtenden Edelsteinen, Stufe um Stufe, Jahr für Jahr? Es fiel mir schwer, mein Leben so zu sehen. Eher schien es mir reichlich gewöhnlich verlaufen zu sein, mit vielen Höhen und mit noch mehr Tiefen, mit Erfolgen und Niederlagen – mehr Kohle und Asche als Edelstein. Als hätte er meine Gedanken gelesen, nahm Don Jorge meine Zweifel auf: „Vielleicht will ja einer da oben, dass wir all diese Erfahrungen machen, die schönen und die schmerzlichen. Und am Ende leuchten all unsere Erfahrungen wie Edelsteine, weil sie ihren eigenen Wert haben. Das ist es doch, was einen Edelstein ausmacht, das einzigartige

Farbspiel, der Wechsel von Licht und Schatten." Wir schwiegen beide.

Dann lachte Don Jorge: „Ich weiß nicht viel von Ihrem Leben. Aber einmal habe ich Ihre Augen wie Edelsteine leuchten sehen."

„Wann soll das gewesen sein, in dieser be...scheidenen Zeit?"

„Sie sprachen von Ihrer Frau." Ich musste schlucken. Ja, ich habe es immer so empfunden. Sie war, nein, sie ist der schönste und kostbarste Edelstein in meinem Leben.

Als ich Don Jorge vom Ende meines Treppenabstiegs erzählte, spürte ich, dass er zurückschreckte. Meine Angst spiegelte sich in seinen Augen. Ich glaube, er hat schon zu viele verängstigte Menschen sterben sehen. Aber Don Jorge stellte wieder eine Frage. Und die beschäftigte mich mehr als alles andere. „Sie wollen mir doch nicht erzählen, dass eine Edelsteintreppe in einem solchen Loch endet? Was ist hinter den Brettern, hombre?" Die Angst hatte meine Traumerinnerung verschluckt. Ich habe ja gesehen, dass da ein Spalt zwischen den Brettern war. Lillith hat sich durch diesen Bretterspalt hinausgezwängt. Seltsam nur, dass ich Don Jorge nichts von Lillith erzählen konnte. Der Traum war genug. Von Träumen kann man erzählen, nicht aber von etwas so Verrücktem wie Lilliths Besuchen in der Nacht. Jedenfalls ist das kein Thema für ein Gespräch unter Männern. Aber Don Jorge hat mir den Spalt heraus aus dem Bretterverschlag wieder geöffnet. Als er sich mit einem „buenas tardes" verabschiedete, war mein Tag wirklich ein guter Tag. Denn dieser Spur wollte ich folgen in den Nächten, die kamen.

Seltsamerweise kehrte der Traum in den nächsten Nächten nicht wieder. Das große Geheimnis musste mir noch verborgen bleiben. Ich hatte noch nicht alles zu Ende gebracht. An einem Abend, als ich noch auf den eigenen Beinen gehen konnte, ging ich langsam und gebeugt wie ein uralter Mann über den Flur der Station. Ich wollte einfach aus diesem engen Krankenzimmer heraus, wollte etwas anderes sehen und spüren als diese vier Wände, die mir mit jedem Tag näher rückten. Weit kam ich nicht. Schon an der nächsten Tür musste ich stehen bleiben und warten, bis die Schwäche wieder verging. Da kam ein leises, fast geflüstertes „Hallo!" aus der Tür, die einen Spalt weit offen stand. Mit meinem Gehstock stieß ich sie weiter auf: „Hallo!", kam da wieder die Stimme. „Hallo!", grüßte ich zurück. Ein Mann lag im Zimmer. Zuerst konnte ich kaum etwas sehen, weil nur ein kleines Licht brannte. Ich musste schon weiter hineingehen, um die abgemagerte Gestalt zu erkennen, die wie ein Häufchen Elend in ihrem Bett lag. „Hallo!", kam noch einmal die schwache Stimme. „Ich heiße Paul. Es ist schön, dass Sie mich besuchen." Es war schwer zu sagen, wie alt der Mann war. Er schien mir sehr jung, vielleicht fünfundzwanzig oder dreißig. Aber die Krankheit ließ ihn aussehen wie einen Greis. Er winkte mich näher heran, zu schwach offenbar, um viele Worte zu machen. Ich ließ mich schwer auf einen Stuhl fallen, der an seinem Bett stand, als erwartete er jeden Augenblick Besuch. Stockend kamen ihm die Worte über die Lippen: „Sie sind seit Wochen der erste Mensch, der mich besucht." Weil ihm das Sprechen schwer fiel, erfuhr ich nur wenig von ihm; genug aber, um zu verstehen, wie einsam dieser junge Mann war. Seine unheilbare Krankheit hatte ihn so gezeichnet. Seit Wochen lag er in diesem Zimmer und die früheren Freunde hatten sich alle zurückgezogen. Auch die Eltern hatten mit ihm gebrochen. Er wollte sich nicht über die Ärzte und Schwestern beklagen. Aber er klagte doch – darüber, wie er sich allein gelassen fühlte. Nicht ein einziger Vertrauter war ihm geblieben. Ich gestehe, dass mir zum Heulen zumute war. Wir weinten miteinander. Ich weinte über sein Schicksal. Ich weinte auch über das meinige. Aber in all meinem Elend begriff ich, um wie viel glücklicher mein Leben verlaufen war. Gute Freunde waren mir geblieben. Ich konnte zufrieden zurückschauen, mancher Traum hatte sich erfüllt. Ich habe hart gearbeitet, vieles aber ist mir auch einfach zugefallen. Und ich habe etwas, was er nie erlebt hat: die Erinnerung an eine große Liebe, die mein Leben warm und lebendig gemacht hat.

Mit einem Mal war in mir eine große Traurigkeit, aber es war nicht die Meine. Sie galt diesem jungen Mann. Eine Weile hielten wir uns bei den Händen. Ich blieb bei ihm, bis ihm seine Augen zufielen. Als ich aufstehen wollte, schaute er mich aus seinen großen Augen an: „Kommst du wieder?" Und er bat mich, die Vorhänge zu öffnen, denn er wollte hinausschauen können, wollte den Sternenhimmel sehen. „Dort hinauf werde ich bald reisen!"

Ein leises Lächeln lag auf seinen Lippen.

Ich hoffe, dass Paul seinen Weg gefunden hat und dass er wie ich einen guten Schutzgeist an seiner Seite hatte. Denn als ich am nächsten Abend zu seinem Zimmer schlurfte, war es leer. Er war noch in der Nacht gestorben. Ich war wohl der Letzte, der ihm begegnet ist. Manchmal trifft man einen Menschen nur für eine kurze Zeit. Ist es der rechte Augenblick und tut der eine dem anderen gut, dann schlägt die Begegnung dennoch tiefe Wurzeln. So war es bei Paul und mir. Vielleicht, dachte ich, sehen wir uns bald wieder, dort oben. Ich wollte ihm danken. Denn Paul hat mir eine Ahnung davon gegeben, was mich erwarten wird hinter dem Bretterverschlag. Ich glaube, ich habe in seinen ängstlichen, müden Augen den Sternenhimmel gesehen.

Ich begegnete noch anderen Leidensgefährten. Von einer Begegnung muss ich erzählen, weil sie so leicht war und so schwer. Tina Turner und Cesare waren das seltsamste Gespann, das mir jemals über den Weg gelaufen ist. Sie hatten mich schon länger beobachtet – aus vier großen Augen, die alles ausspähten, was sich zutrug auf „no way out", wie sie unsere Station getauft hatten. Cesare war ein Clown mit einer orangefarbenen Knollnase und knallgelben, struppigen Haaren. Sein linkes Auge war schwarz wie die Nacht, das andere funkelte rubinrot, wenn es ins Licht schaute. Cesares Hals war dünn und verschrumpelt. Tina schleppte ihn den ganzen Tag mit sich herum. Seine Stimme war quiekig, weil Tina sich als Bauchrednerin versuchte. Cesare war eine Stoffpuppe. Tina Turner war ein kleines Mädchen mit kaffeebrauner Haut und schwarzen Krauslocken. Ihre Stimme war so rau, als würde sie seit siebzig Jahren jeden Tag drei Schachteln Gitanes rauchen. Später erfuhr ich, dass es mit ihrer Krankheit zu tun hatte. Im Kindergarten war sie einmal in einer Casting-Show aufgetreten, natürlich als Tina Turner. Seit dieser Zeit hatte Tina ihren Künstlernamen Turner. Vielleicht aber hat sie den auch bekommen, weil sie ein Temperament hatte wie eine Herde von wilden Mustangs.

„Siehst aus, als hättest du Schneewittchens Apfel verschluckt." Ich drehte mich zu ihnen um. Da standen die beiden vor mir, mitten auf dem trostlosesten aller trostlosen Krankenhausflure: ein Zirkusmädchen mit ihrem Clown. Als ich nicht schnell genug auf Cesares seltsame Diagnose antwortete, wurde er ungeduldig. „Spuck's aus, wenn du kannst!", quiekte Cesare. „Was soll ich ausspucken?" Er sah mich an, als hätte ich die längste Leitung der Welt: „Den giftigen Apfel!" Ich schüttelte ratlos den Kopf. „Bist du der Erwachsene oder ich?", ließ sich Tina Turner selbst mit ihrer unglaublich rauen Stimme hören. Cesare räusperte sich beleidigt und drehte sein Gesicht von ihr fort. Weil ich die beiden noch immer fragend anstarrte, half sie mir wohlwollend auf die Sprünge: „Na, alle hier auf ‚no way out' haben ihren giftigen Apfel verschluckt. Aber es sind keine sieben Zwerge da und auch keine Prinzen, die dir helfen, den giftigen Bissen wieder auszuspucken. Entweder du spuckst ihn selbst aus oder du verschluckst dich daran. Dann kommst du in die gläserne Kiste."

„Und du, junge Dame? Hast du ihn noch immer im Hals stecken? So hörst du dich nämlich an."

„Na ja. Man hat halt gelernt, nicht wild in der Landschaft herumzuspucken. Ich befürchte nur, dass meine gute Erziehung mir noch einige Scherereien machen wird."

Sie grinste über beide Pausbacken und bekam dabei doch feuchte Augen. Dann hörte sie sich wieder sehr tapfer an: „Nächste Woche schicken sie mich ins Kinderhospiz. Da soll es schön sein, und Cesare darf ich auch mitnehmen!" Dabei strich sie ihrem kleinen Gefährten übers blonde Struppelhaar. Der schnurrte wohlig, froh, wieder die Aufmerksamkeit seiner Puppenmutter gewonnen zu haben.

Ich fragte vorsichtig: „Willst du denn dahin?"

Sie schaute mich mit ihren großen Augen an: „Wohin soll ich sonst? Haste etwa 'ne bessere Idee? Hier sind sie mit mir am Ende. Meine Mutter ist mit uns beiden überfordert. Und mein Pa wohnt in Honolullu, sagt sie."

Cesare stieß einen tiefen Seufzer aus. „Warste schon mal in Honolullu?"

Ich schüttelte den Kopf: „Nein, leider nicht. Aber ich habe sagen hören, dass es dort sehr schön sein soll."

„Am liebsten", sagten beide zusammen, „würden wir nach Honolullu fahren! Aber das ist wohl sehr weit?"

„Ja", antwortete ich, „das ist es wohl."

„Haste gehört, Cesare? Honolullu ist sehr weit weg. Nicht mal die Erwachsenen kommen da hin."

Bevor ich etwas Gescheites erwidern konnte, krähte Cesare: „Eines Tages, Tina, kommen wir beide dahin! Dann werden wir deinen Pa suchen und du wirst sehen: Er hat dich sehr lieb."

„Wie bei Schneewittchen!", ließ Tina sich begeistern. „Irgendwann kommt doch ein Prinz und nimmt sie mit auf sein Schloss."

„Na klar", gab ihr die Knollnase recht. „Und einer der Zwerge stolpert über seine eigenen Beine. Du spuckst den giftigen Apfel aus, und alles wird gut!"

Auf einmal hüpften beide davon, so plötzlich, wie sie gekommen waren. Ich hörte sie noch weiter reden, von Honolullu und Schneewittchen, Zwergen und Prinzen. Und ich stand da mit offenem Mund und staunte Tina Turner und ihrem kleinen Freund hinterher. Was für ein kleines, starkes Persönchen! Sie war viel zu früh auf „no way out" gelandet! Was hätte aus ihr noch alles werden können. Später, als ich Tina Turner besser kannte, dachte ich, dass sie so wie sie ist, schon ganz „rund" ist. Da fehlte nichts mehr an ihr, nur die Zeit zu leben!

In den Tagen danach trafen wir uns immer wieder. Wenn ich es an mir selbst nicht gespürt hätte, an Tina sah ich, wie der giftige Apfel jeden Tag mehr an uns nagte. Einmal, als wir wieder von Honolullu sprachen, fragte sie mich, wohin denn ich wolle. Weil ja keiner von uns hier bleiben konnte, auf „no way out". Da habe ich ihr von meiner Liebsten erzählt und von der Treppe aus Edelsteinen. Und von Paul, der schon auf der Sternenstraße wanderte. Und dass ich glaubte, auch dorthin zu kommen und meine Liebste dort wiederzusehen.

„Wow!", sagten die beiden nur. „Wow!" Dann schloss sie die Augen und schwieg eine Weile – bis ihr kleines Gesicht sich aufhellte. „Ich komme auch nach Honolullu! Die sieben Zwerge und der Prinz bringen mich hin!"

„In Honolullu sind der Himmel und das Meer immer blau", bestätigte Cesare. Als wir uns an dem Tag, als sie ins Kinderhospiz fuhr, verabschiedeten, lief sie strahlend auf mich zu: „Schau mal!" Sie zeugte mir eine Postkarte. „So sieht es aus in Honolullu!"

Die Hospizschwester, die sie abholte, hatte von „Honolullu" gehört und ihr eine Karte von Hawaii mitgebracht. Mit einem weiten, weißen Sandstrand und einem strahlend blauen Himmel darüber. Das Meer war türkis und am Strand tanzten Menschen, die sich mit bunten Blumengirlanden geschmückt hatten.

„So stelle ich mir das vor, wenn Cesare und ich dahin kommen. Die Menschen dort warten schon auf uns. Und mein Pa wird auch da sein."

„Wenn du nach Honolullu kommst, grüß deinen Pa von mir!"

„Wir tun unser Bestes, old man. – Und wenn du oben bei den Sternen angekommen bist, grüß mir deine Liebste. Und Paul!"

Wir nahmen uns fest in die Arme.

„So, old man. Ich höre schon die Hullahullagesänge. Es wird Zeit für uns!"

Als sie in den Wagen einstiegen, drehte sie sich noch einmal um.

„Ich glaube, Honolullu liegt auch da oben bei den Sternen. Schätze, man sieht sich!"

„Klar doch, ihr beiden. Man sieht sich!"

Sie winkten mir aus dem offenen Fenster noch zu. Und fort waren sie auf ihrer großen Reise. Seltsamerweise habe ich den beiden nichts von Lillith erzählt. Vielleicht war Cesare so etwas wie Tinas Lillith. In den durchweinten Nächten jedenfalls war er es, der sie getröstet hat.

Ich wurde müde, sehr müde. Die Kraft, mich auf andere einzulassen, schwand. Das ist wohl so, wenn das Sterben nahe ist. Du schaust mehr nach innen, das Außen rückt in immer weitere Ferne. Dennoch wartete der Traum von der Edelsteintreppe, bis er wieder zurückkehrte zu mir. Den Grund dafür habe ich lange nicht verstanden. Schwester Elisa half mir zu verstehen, dass ich erst noch etwas zu Ende bringen musste, bevor der Traum wiederkommen kann.

Was ich erzählte, schien ihr wert zu sein, aufgeschrieben zu werden. Ich hatte selbst auch mit dem Gedanken gespielt, aber eine seltsame Scheu hielt mich zurück. Zu verrückt war doch alles, was ich erlebt habe. Doch die Nachtschwester, die schon so viele Menschen auf ihrem letzten Weg begleitet hat, redete mir zu. Das also hatte ich noch zu schaffen. Aufzuschreiben, was mir widerfahren ist.

Ich habe geschrieben und geschrieben. Dann kam wieder eine Nacht – und mit der Nacht kamen Lillith und der Traum. Sie wartete schon ungeduldig am Eingang der Treppe, mein guter Geist. Jetzt war ich soweit, auf die große Reise zu gehen. Wir sprangen, ja, wir flogen beide die leuchtende Treppe hinunter. Und auch der Bretterverschlag sollte mich nicht mehr aufhalten. Mit meinen eigenen Händen fing ich an, die Hölzer herunterzureißen. Seit dem Nachtgespräch mit Paul hatte ich eine vage Vorstellung, doch was meine Augen jetzt sahen – allein schon das, was ich durch die Ritzen und Spalten des Bretterzaunes hindurch sah –, ließ mich zu einem kleinen, staunenden Jungen werden, der sich die Hand auf den Mund schlug, so überwältigt war ich: Myriaden von leuchtenden Sternen in einem nachtschwarzen Universum voller Zauber und Geheimnis. Ich selbst stand am Anfang einer Straße, gebaut nur aus Sternen. Sie führte weit, weit fort, wo meine Liebste auf mich wartete. Nur ein paar Bretter trennten mich noch vom Beginn meines größten Abenteuers.

Lillith und ich stürmten hinaus auf die Sternenstraße, hinaus in die große Weite. Lillith voraus, ich hinter ihr her. Der Weg war lang, aber ein großes Singen verlieh uns Flügel. Kein Gesang ist schöner und klarer als der Gesang der Sterne.

Zum guten Schluss muss ich euch sagen, dass ich Katzen mag. Zumindest mag ich diese eine Katze, und ich mag sie sehr. Vielleicht, weil ich weiß, wer sie zu mir geschickt hat. Und weil ich weiß, dass sie, die Lillith zu mir geschickt hat, mich erwartet. Dort, am Ende der Sternenstraße, wo alle Katzen und Mäuse um die Wette schnurren; dort, wo der Regenbogen geboren wird, der Tod und das Leben und alle Liebe, die bleibt. Bald werde ich angekommen sein am Ziel meiner Reise. Ich finde nun allein dorthin. Die Arme meiner Liebsten erwarten mich.

Dem großen Geheimnis so nahe, muss ich einen Gedanken noch zu Ende bringen. Den über Gott und die Katzen. Nach all den Erfahrungen mit Lillith schreckte es mich nicht, hätte auch Gottes Herz etwas von einer Katze.

Darüber aber mehr zu sagen, wäre, als behaupte einer, der nur sein Nachbardorf besucht, er habe die ganze Welt gesehen. Gottes Welt ist groß – wie groß, das ahne ich erst jetzt. Ich habe auf der langen Reise die Sternenstraße entlang Geheimnisse und Wunder gesehen, für die ich keine Worte finde. Jeder muss seine eigene Reise antreten. Noch bedarf es für euch des Bretterzauns, der Gottes Geheimnis schützt – und euch selbst.

Ein Geheimnis aber will ich euch dennoch anvertrauen. Es ist gut, es zu kennen:

Wem immer es ähnlich sein mag – in Gottes Herz ist viel Platz für einen jeden von uns. Im Herzen Gottes ist viel Platz, auch für die Erfahrungen, die wir mitbringen – für die Edelsteine und für die Kohlen. Mag sein, wir wurden gerade deshalb auf die Erde geschickt, damit wir diese Erfahrungen sammeln. Mag sein, Gott will etwas lernen von seinen Geschöpfen; das, was nur wir Menschen erfahren können. Vielleicht sehen wir uns ja eines Tages wieder – am Ende der Sternenstraße, dort, wo die große Liebe ihren Anfang nahm und ihr Ende findet. Eines weiß ich gewiss: Wir alle sind hier hoch willkommen.

P.S.: Ihr fragt euch vielleicht, wie es möglich ist, dass ihr diese Geschichte in euren Händen haltet, wie es seinen Weg von der Sternenstraße auf die Erde gefunden hat – das bleibt mein Geheimnis ...

Lillith

Die Blume und die Raupe

Eine Raupe wollte nicht daran glauben, was die Geschwister ihr erzählten.

„Welch törichtes Gerede! Schmetterlinge soll'n wir werden? Ich glaub's nicht! Das könnt ihr einem Dümmeren weismachen."

Und so kroch sie weiter von Blatt zu Blatt, ging ihren eigenen Geschäften nach und fraß sich ein stattliches Pölsterchen an.

Hin und wieder geschah es, dass sie einen bunten Schmetterling erblickte, wenn sie aus dem Schatten eines Baumes hervorschaute. Schön waren sie anzusehen, gewiss. Doch konnte die Raupe für Schönheit nichts kaufen und der Magen blieb leer.

Mit der Zeit waren all ihre Geschwister aus dem Baum verschwunden und die Raupe wunderte sich sehr. Wohl nahm sie diese seltsamen Gebilde wahr, die plötzlich hier und da von den Zweigen herabhingen, doch wäre sie nie auf den absonderlichen Gedanken gekommen, dass diese etwas mit dem Verschwinden ihrer Geschwister zu tun haben. Allmählich überfiel die Raupe eine seltsame Unruhe. Es war ihr, als sage eine innere Uhr, dass sie die Zeit überschritten habe – doch Zeit wozu?

Ging es ihr nicht gut? Konnte sie sich etwa beklagen? Saß sie auf ihrem Baum nicht wie die Made im Speck? Und dennoch – in ihren Adern verspürte sie ein seltsames Ziehen und Reißen. Es tat sich etwas in ihr und sie konnte es nicht deuten.

Der Augenblick kam, da wurde sie müde und matt. Bald fiel es ihr gar schwer, zum nächsten Blatt hinüberzukriechen. Eines Tages holte sie eine ungekannte Schwäche ein. Mit einem Plumps fiel sie vom Baum herab.

Eine Blume mit himmelblau leuchtenden Blüten schaute überrascht zu ihr herüber.

„Was suchst du denn da auf der Erde?", wollte sie von der verunglückten Raupe wissen.

Die Raupe lief rot an und wurde ganz schüchtern. Ihr ganzes Leben lang hoch oben in ihrem Baum hatte sie ein solch schönes Geschöpf nie gesehen.

Die Blume schüttelte ihre Blütenblätter:

„Wie kommt es, dass du noch immer eine Raupe bist?"

„Wie meinst du das?!"

„Ja, weißt du am Ende gar nicht, dass du ein Schmetterling sein wirst?"

Da, schon wieder dieses dumme Geschwätz.

„Warum sollt ich denn wohl ein Schmetterling werden wollen?!"

Verdutzt schaute die Blume zur Raupe.

„Wär ich ein Schmetterling, für mein Leben gern wollte ich fliegen."

„Fliegen!", schnaubte die Raupe. Das war doch für Ihresgleichen nichts als ein Hirngespinst.

Die Blume aber ließ sich nicht beirren.

„Wie sonst, sag mir, sollten wir Blumen mit den Schmetterlingen zusammenfinden? – Schau einmal dort drüben!"

Die Raupe sah hinüber zu einer leuchtend roten Blume. In ihren Kelch hatte ein Pfauenauge seinen Rüssel getaucht und trank vom Nektar der Blüte.

„Schau nur, wie gut ihre Farben zueinander passen."

Die Raupe wurde blassgrün. Mit einem Mal schämte sie sich ihrer eintönigen Farbe.

Doch schien es die Blume nicht zu bemerken, denn schon fuhr sie fort:

„Du musst wissen: Wir Blumen brauchen euch Schmetterlinge, damit ihr unsere Blüten bestäubt. Nur so können unsere Blumenkinder mit ihren bunten Farben die Mutter Erde erfreuen."

Der Gedanke, dass sie – außer den eigenen Bauch zu füllen – auch für andere etwas Wichtiges tun könnte, war der Raupe noch nie gekommen.

Und doch, ja – es müsste schön sein für die himmelblaue Blume etwas zu tun, das ihr so viel bedeutete.

„Hast du nicht Lust, werte Raupe, ein Schmetterling zu werden und mir diesen großen Dienst zu erweisen? Ich versichere dir, dass mein Nektar köstlich schmeckt und der Verdauung wohlbekömmlich ist."

Die Raupe war sehr verlegen. Mit einem Mal wuchs eine große Sehnsucht in ihr, ein bunter Schmetterling zu werden. Nur fühlte sie sich ganz hilflos, denn sie wusste nicht wie.

Die Blume machte große Augen. Auch um dieses Geheimnis des Lebens wusste die Raupe nicht!

„Du musst dich einspinnen in einen Kokon. Dann wirst du schlafen, tief schlafen – beinahe so tief wie der Tod. Und du wirst träumen. Flügel werden dir wachsen, bunte, wunderschöne Flügel."

„Woher willst du das alles wissen?", noch einmal brach der alte Zweifel auf.

„Deine Schmetterlingsgeschwister erzählen's uns Blumen. Und auch wir, liebe Raupe, müssen uns wandeln wie alle Geschöpfe Gottes."

„So also ist das", sprach die Raupe zu sich selbst. Sie schaute hinauf zu den Kokons. Jetzt erst begriff sie's. Es waren ihre Geschwister.

Die Angst klebte an ihr, doch Neugier und Sehnsucht waren größer.

„Danke", sagte sie ganz einfach zur Blume. Doch war es viel für sie, das zu sagen, denn gedankt hatte sie noch niemandem.

Die Blume verstand das wohl und gab ihr ein Versprechen mit auf den Weg: „Wenn du aufwachst und herausschaust aus deinem Kokon, werde ich auf dich warten. Und," sie lachte verschmitzt, „ich bin gespannt auf deine bunten Farben."

„Lebe wohl", sagte nun die Raupe und sammelte ihre letzte Kraft, um hinaufzukriechen auf den Baum und sich einzuspinnen in ihren Kokon.

Leise

klopft

das

Leben

an

Irgendwann, unmerklich „über Nacht", ist der Winter vergangen. Schneeglöckchen und Krokusse haben schon mitten im Winter ihre Blütenköpfchen herausgestreckt. Jetzt aber steht der Frühling wirklich vor der Türe. Es knospt und grünt, überall. Es geschieht einfach.

Was lange unvorstellbar war – jetzt klopft das Leben leise an. Trauer und Schmerz sind nicht vergangen. Aber sie sind *anders* geworden. Es knospt und grünt, trotz aller Trauer. Es kommen wieder Zeiten, in denen ein Lächeln sich gut anfühlt. Augenblicke der Lebensfreude „dürfen" wieder sein. Erinnerung wird kostbar, ist nicht mehr nur Schmerz.

„Es wird Frühling", spürt die Erzählerin in *Raunen*, „überall knospt neues Leben und leuchtendes Grün. … Zum ersten Mal erreichen die Strahlen der Sonne wieder ihre Seele."

Die *Tochter des Regenbogens* erzählt von der schwierigen „Häutung" einer silbergrauen Schlange. Die Farben des Lebens sind … schwarz … rot und – nach schmerzlicher Veränderung – bunt wie der Regenbogen.

Mein Herz ist wie April ist die Geschichte einer Achterbahn der Gefühle: „Mal lacht der helle Sonnenschein, dann schau'n die Wolken düster drein." Das kennt die Erzählerin, auch nach zwei Jahren ihrer Trauer.

In *Flieg, Vogel, flieg* mag ein „gerupfter Vogel" nicht glauben, dass ihm mit der Zeit das Federkleid nachgewachsen ist und er wieder zu fliegen vermag: „Sollte das wahr sein?", fragt der Vogel. Die weise Eule rät: „Versuch es einmal!"

Der Frühling kommt zur Tag- und Nachtgleiche. Wer trauert, bleibt ein Mensch mit einer tiefen Wunde. Lichtes und Dunkles; Tag und Nacht; ein Schmerz, der niemals ganz vergeht und Lebenskräfte, die dennoch nachwachsen – das alles bleibt Anteil der „späteren Trauer".

Wenn aber das Leben leise an die Türen klopft, dann ist es Zeit, allen verbliebenen und auch den nachgewachsenen Mut zusammenzunehmen und es noch einmal zu wagen: mit dem Leben.

Raunen III

Es wurde Frühling, und der Frühling brachte den Gesang der Vögel zurück. Überall knosp neues Leben und leuchtendes Grün. Der Park wachte auf aus langem Schlaf. Die ersten Schneeglöckchen blühten im Unterholz. Das Leben war zurückgekehrt, und der Wald sang sein berauschendes Lied von den wärmenden Strahlen der Schöpferin Sonne.

Zwischen tauendem Schnee sprossen frühe Blumen. Zum ersten Mal erreichten die Strahlen der Sonne wieder ihre Seele und mit jedem Atemzug sog sie den frischen Geruch nach Erde und neugewordenem Leben in sich auf.

Zwei Jahre waren vergangen, seit ihr Mann von ihr gegangen war. Da stand sie wie verzückt vor dem Schaufenster eines Blumenladens. In ihm war eine kleine Bonsaieiche, eine Miniatur ihres Eichenbaumes im Park. Sie musste nicht lange mit sich zu Rate gehen, denn es war ihr, als warte das Bäumchen auf sie. Sie erstand die kleine Eiche und stellte sie in ihr Wohnzimmer neben das Bild ihres Mannes. Hingebungsvoll pflegte sie das Bäumchen und sprach mit ihm, als sei es ein verständiges Wesen.

Die Zeit verging, und aus dem einen Baum wurde ein ganzer Zauberwald von Bonsaibäumchen – in ihrem Wohnzimmer hielt der Geruch von frischer Erde und dem Grün des Waldes Einzug.

Die Frau besuchte nun oft den Blumenladen. Die Besitzerin sprach gerne mit der Frau, teilte sie doch ihre große Liebe zu den kleinen Bäumen. Auch eine andere Frau kam des Öfteren in das Geschäft, um nach den neuesten Bonsaibäumchen zu schauen. Mit der Zeit wurde aus den Fachgesprächen freundschaftliches Geplauder: „Besuchen Sie mich doch einmal. Sie werden ihre Freude haben an meinem Wohnzimmerwald."

So kam es, dass die Witwe neue Freunde gewann. Und wenn sie ihren Bäumen davon erzählte, meinte sie, das Rauschen der Blätter des Waldes zu hören und das Murmeln des plätschernden Baches. Vor ihrem inneren Auge verwandelte sich das Bonsaiwäldchen in den großen Wald.

Und sie hörte die Stimme ihres Mannes, der mit den Bäumen sprach, als sei er nun einer von ihnen.

Es tat weh. Immer wieder kamen Stunden des Schmerzes. Doch das Leben war ihr wieder gegeben, und wann immer sie einen Menschen traf, dem die Trauer ins Gesicht geschrieben stand, verschenkte sie ein Bonsaibäumchen aus ihrem Wohnzimmerwald. Den Beschenkten mahnte sie, das Bäumchen zu hüten und zu pflegen, denn es lebe eine starke Macht in ihm.

Tochter des Regenbogens

Schon eine ganze Zeit lang spürte sie, dass etwas in ihr vorging. Einmal knisterte und kribbelte es angenehm unter ihrer Haut, dann wieder war es ein brennender Schmerz und ihr war zum aus der Haut fahren.

Die Schlange beschloss, das alles nicht zur Kenntnis zu nehmen und weiter ihre alten Pfade zu kriechen. Und wirklich gelang es ihr, so zu tun, als sei alles beim Alten.

Doch nicht lange, da machten sich die seltsamen Zeichen umso mehr bemerkbar und der brennende Schmerz nahm zu. Was sie damit tun sollte, wusste die Schlange nicht.

Sie lebte ihr gewohntes Leben, hangelte sich von Ast zu Ast, wartete geduldig, dass ihr Tisch sich deckte – und hätte damit zufrieden sein können, wäre da nicht diese knisternde Spannung in ihr gewesen.

An einem ganz gewöhnlichen Tag nahm das Schicksal seinen Lauf. Die Schlange hatte sich von ihrem Baum auf die Erde herabgelassen und Stunde um Stunde auf Beute gelauert. Als sie nun blitzschnell auf einen ahnungslosen Frosch zuschoss, schrappte sie so hart über einen scharfkantigen Stein, dass es ihr bald die Seele aus dem Leib riss. Wie mit Messers Schneide hatte ihr der Stein die Haut eingeschnitten. – Dem Frosch half das wenig und über dem reichen Mahl vergaß die Schlange ihren Schmerz. Am nächsten Tag ließ sie sich friedlich eingerollt die Haut von der Sonne wärmen. Da wurde sie unsanft aus ihren Träumen geweckt. Einer der dreisten Affen hatte sich vor ihr aufgebaut und schrie lauthals:

»Was für ein hässlicher, schwarzer Fleck!«

»Wo?«

»Auf deiner Haut!«

Die Schlang fuhr wütend auf. Ein schwarzer Fleck auf ihrer schönen, silbergrauen Schuppenhaut? Vielleicht machte sich der Affe nur lustig über sie, wusste er doch, wie stolz ihresgleichen auf die matt silbern schimmernde Haut war. Eine Schuppe war wie die andere, kein Muster, kein Kringel und kein Schnörkel. Und schon gar kein – schwarzer Fleck!

Der Affe aber hörte gar nicht mehr auf mit seinem aufdringlichen Geschnatter und deutete auf eine Stelle ihrer Haut. Voll bösen Schreckens erinnerte sich die Schlange mit einem Mal des letzten Abends. Konnte es sein, dass der kantige Stein ihre schöne Haut verletzt hatte?

Wie unabsichtlich schlängelte sie sich zum Stamm des Baumes und rieb ihre Haut behutsam an der Rinde. Der Affe belauerte sie und wartete auf eine neue Gelegenheit, sich lustig zu machen. Bald fand er sie.

War es die Absicht der Schlange, den schwarzen Fleck von ihrer schönen Silberhaut wegzureiben, hatten sich bald weitere Schuppen gelöst. Und neben dem schwarzen Fleck erschien nun auch ein roter.

»Ha!«, schrie da der Affe. »Mach nur so weiter. Schwarz, rot und jetzt – blau! Du wirst noch knallbunt wie eine Regenbogenschlange!«

Erschrocken ließ die Schlange von ihren Rettungsversuchen ab. Regenbogenschlangen kannte sie wohl, doch gehörten die nicht zu ihrer Art. Sie war eine Silbergraue und wollte es bleiben – um jeden Preis!

Der Schlange wurde klar, was für ein Unglück sich über ihr zusammenbraute. Was sollte sie tun? So konnte sie sich niemals unter ihren Schwestern sehen lassen.

Geräuschlos glitt sie vom Baum und kroch weit fort, hinauf in die Berge, wohin keine Schlange sich verirren würde. Sie brauchte Zeit; Zeit, zu sich zu kommen. Zeit zu heilen.

Auf ihrem Weg in die Einsamkeit der Berge glitt sie noch über manchen Fels und Stein. Mit jeder scharfen Kante löste sich mehr von ihrer silbergrauen Schutzhaut.

Hätte sich die Schlange in einem klaren Bergsee betrachtet, sie hätte ihre neue Gestalt erahnt. Schillernd und bunt wie die Farben des Regenbogens schimmerte die neue Haut unter den Fetzen des Silbergraus.

Einen Mond lang lebte die Schlange am Fuß der felsigen Gipfel. Wind und Sturm peitschten die öde Steinwüste und die kalten Nächte setzten der Schlange zu. Doch niemals hatte sie auf ihrem Baum einen solchen Sternenhimmel über sich gesehen. Niemals war sie dem dunklen Wolkenmeer so nahe. Nie zuvor war ihr der Mond so machtvoll erschienen und nie zuvor hatte sie unter ihrem Blätterdach die strahlenden Farben eines Regenbogens geschaut. Als der Mond wieder seine volle Gestalt annahm, wurde die Schlange unruhig. Zwar waren die Silbergrauen Einzelgängerinnen, doch versammelten sie sich alle zu Ehren des vollen Mondes zum großen Tanz.

So verließ die Schlange die Einsamkeit der Berge und tanzte mit ihren Geschwistern den uralten Tanz. Erst als die Sonne aufging und das Land in die Farben des Tages tauchte, entdeckten die Silbergrauen ihre seltsam fremde Schwester.

»Wer bist du, dass du mit uns tanzt?«, zischelte die Schlange, die ihr am nächsten war, und starrte sie feindselig an.

Die gewandelte Schlange begriff die Frage ihrer Schwester nicht.

»Ich bin's!«, gab sie zur Antwort.

Jetzt, an der Stimme, erkannten sie die anderen.

»Was soll die Maskerade?«, hörte sie unfreundlich von rechts.

Eine andere züngelte böse: »Sie wollte schon immer etwas Besonderes sein!«

Wieder andere schauten mit großen Augen und sprachen zueinander: »Wie schön ihre Farben sind. Seht, unsere Schwester hat sich in eine Regenbogenschlange verwandelt.«

Jetzt erst begriff die Schlange, dass sie eine neue Gestalt gefunden hatte. Und sie besann sich des herrlichen Regenbogens über den Gipfeln der Berge.

Es war ihre ureigene Gestalt, die so lange unter der silbergrauen Schutzhülle geschlummert hatte. In ihrem Herzen sang sie der Schöpferin Dank für all die wundersamen Farben des Regenbogens. Und für jeden Stein, der sie hervorgelockt hatte.

Zu ihren Schwestern aber sprach sie mit neuem Mut: »Ja, ich bin's!«

Mein Herz ist wie April

Die Wellen schlagen leise ans Ufer. Draußen ziehen die ersten Segelboote über den ruhigen Sund. Schwäne schaukeln auf dem Wasser. Die Möwen kreischen, wie sie es immer tun.

Zwei Jahre war ich nicht mehr hier an unserem Lieblingsplatz. Ich sitze auf einer der vielen Bänke der Strandpromenade. Ganz sicher haben wir in all den Jahren schon einmal gemeinsam auf dieser Bank gesessen. Heute bin ich allein.

Zwei Jahre habe ich gebraucht, um die Kraft zu finden, wieder hierher zu kommen, nach Sønderborg. Wie oft sind wir hier entlang gewandert, Hand in Hand, und haben den weiten Blick über die Förde genossen.

Lange habe ich mit mir gekämpft. »Mach das nicht«, haben Freunde gewarnt. »Es wird zu weh tun!« Sie haben recht behalten. Es tut höllisch weh. An diesem Ort, den wir beide so geliebt haben. Auch nach zwei Jahren ist es mir oft so, als sei Erik erst gestern von mir gegangen. Hier zu sein habe ich mir seit den Tagen des Abschieds gewünscht. Aber doch nicht so! Erik sollte hier neben mir sitzen, meine Hand in der seinen, Seite an Seite.

Es ist kalt hier im April. Der Himmel ist grau in grau. Und es ist kalt und grau in meinem Herzen. Warum musste das alles so kommen? Kurze sechs Wochen waren uns geblieben, als die Diagnose endlich feststand. Der Tumor saß in der Bauchspeicheldrüse. Metastasen hatte es schon im ganzen Körper. Eine Operation machte keinen Sinn. Eine Chemotherapie hat Erik abgelehnt. Wozu? Für ein paar qualvolle Tage und Wochen? Es war seine Entscheidung. Ich konnte und ich wollte ihm nicht hereinreden. Der Krebs war zu spät erkannt worden. Wie oft habe ich mich mit der Frage gemartert, ob Erik nicht früher hätte zum Arzt gehen müssen. Ja, im Nachhinein ... Natürlich waren da Anzeichen. Die große Müdigkeit. Die zunehmende Schwäche. Und Schmerzen, die er lange Zeit verschwiegen hat. Er wollte kein Aufhebens um sich machen, wollte mich nicht beunruhigen. Ich kannte ihn doch und wusste, wie sehr er den Arztbesuch mied. Warum habe ich keinen Druck gemacht, als mir langsam klar wurde, dass etwas nicht stimmt? Der Hausarzt hat mir später, nach seinem Tod, gesagt, dass dieser tückische Krebs schon Wochen vorher nicht mehr heilbar gewesen wäre. Und Chemotherapie? Bestrahlung? »Ihr Mann hat richtig entschieden!« Das Gefühl, versagt zu haben, nagt dennoch an mir.

In Sichtweite liegt das Schloss von Sønderborg trutzig am Hafeneingang. So viele Jahrhunderte hat das Schloss schon überdauert. Was sind wir Menschen dagegen. Mitten aus dem Leben holt uns der Tod. Und keiner fragt uns.

Wo bist du jetzt? Ich bin wieder hier, morgen ist dein zweiter Todestag. Wohin hätte ich sonst gehen sollen? Zu Hause habe ich es nicht ausgehalten. Dein Grab? Du hast es dir selbst ausgesucht, in einem Ruhegarten, auf einer

weiten Wiese. Kein anonymes Grab, aber auch kein Grab-
stein. Ungefähr weiß ich schon, wo deine Urne beigesetzt
ist. Manchmal lege ich eine Rose auf deine Wiese. Aber
ich habe niemals das Gefühl, dass du dort bist. Wo bist
du dann? Ich habe gehofft, dich hier anzutreffen, am
Strand von Sønderborg; ich wünsche mir so sehr, einen
Windhauch zu spüren von deiner Nähe.

Vielleicht schickst du mir noch ein Zeichen? Mein
Herz schreit danach und kann es noch immer nicht begreifen. Sind zwei Jahre nicht genug an Schmerz und bo-
denloser Trauer?

Am Anfang stand ich vollkommen neben mir. Ohne dich
war es, als wäre ich im falschen Film. An vieles erinnere
ich mich gar nicht mehr. Nur das Gefühl eines nicht enden wollenden Albtraums, das ist noch ganz nah. Und
der Wunsch, dass einer den Schalter umlegt, du wieder
zur Türe hereinkommst und einfach sagst: »Hej, min
pige, da bin ich wieder.« – Doch irgendwann habe ich es
begreifen müssen. Dieser Alptraum endet nicht. Du
kommst nicht zurück. Als das tief in meine Seele hinein-
rieselte wie ein eisiger Regen, wie ein undurchdringli-
cher, kalter Nebel wünschte ich nur noch, dass einer das
Licht ausmacht. Ich wollte nur noch eins: die Eintritts-
karte zurückgeben. Ich war wirklich im falschen Film.
Ich gehörte nicht mehr hierher. Ich wollte da sein, wo du
bist, wollte dir hinterherlaufen. Doch so einfach ist das
nicht. So leicht gibt dich das Leben nicht her. Schon gar
nicht, wenn du es willst. Es gab ja noch so vieles zu tun
und zu regeln. Am Anfang war das sogar eine Hilfe, auch
wenn jede Aufgabe sich vor mir auftürmte wie ein Berg.

Zwei Jahre sind vergangen. Es ist nicht einfacher geworden, aber anders. Es gibt jetzt Stunden, in denen ich nicht mehr nur an uns und unser vergangenes Leben denken muss. Die Alltagsdinge gehen mir manches Mal wieder leichter von der Hand. Ich denke, du wärst stolz, wenn du sehen würdest, wie ich deinen Garten wieder zum Leben erweckt habe. Lange habe ich gar nichts daran gemacht. Sollte er doch verwildern, sollte es doch im Garten aussehen, wie es in mir aussah, verwildert und verwachsen. Aber irgendwann kam mir doch der Gedanke, dass es dich nicht freuen wird. Ich habe meine Ärmel hochgekrempelt und mir alle Mühe gegeben, dir eine Freude zu machen. Es hat mir sogar Spaß gemacht und ich habe dein »toll gemacht, min pige« im Blätterrauschen der Bäume gehört.

Wie viele andere Paare auch, haben wir unsere Rollen aufgeteilt. Der Garten war dein Reich. Ich war nur dein willkommener Gast; mit der Erlaubnis, die Terrasse mit Blumen zu bepflanzen. An den Randsteinen der Terrasse aber fing dein Waldgarten an. Was sollte ich jetzt tun? Du bist nicht zurückgekommen und hast alles mir überlassen.

Ich weiß, dass es idiotisch ist. Du warst der Letzte, der gehen wollte. Doch manchmal, tief unten im Herzen, bin ich dir heute noch gram. Wie konntest du mich nur alleine lassen! Manchmal könnte ich dich rütteln und schütteln. Doch krieg ich dich nicht zu packen. Auch meine Liebe und Sehnsucht kriegt dich nicht zu packen. Bist du nur noch Staub und Asche? Oder ist die Grenze zwischen hier und dort so gut bewacht, dass du nicht einmal eine kleine Weile zu mir kommen kannst, auf unsere Bank am Sønderborgsund?

Ich schreie nach dir. Aber keiner wird meine Schreie hören. Ich schreie leise, viel zu leise. Wie sollst du mich da hören, so weit fort von mir.

Auf der nächsten Bank sitzt ein altes Paar. Sie schauen wie ich hinaus aufs Wasser, halten sich an den Händen, reden nicht viel. Ich wünsche ihnen nur Gutes, aber es schmerzt mich wie der Biss einer Klapperschlange. So hätten wir uns das auch gewünscht. Miteinander alt werden. Aber du da oben hast es anders bestimmt. Weißt du, was du uns Menschen antust? Weißt du, Gott, wie das Herz deiner Menschen schlägt? Oder bist du viel zu weit weg von uns allen, ein Schöpfer, der eine Welt geschaffen hat und Tschüss sagt: »Seht zu, was ihr damit anfangt.« Du hast ganz schön was angestellt mit deiner Schöpfung, dass du uns leiden lässt wie die Hunde.

Mein Mann hatte ein festes Gottvertrauen. Sein tiefer Glaube war mir immer etwas fremd. Aber er hat ihm geholfen, gerade in den letzten harten Wochen. Zuerst hat er geschimpft und geflucht. Dann aber, ich weiß nicht wie, ist er stiller geworden. Die heimlichen Tränen hat er vor mir zu verbergen gesucht. Doch war etwas in Erik, das sein Vertrauen zu Gott stark gemacht hat. »Wir müssen alle einmal auf die große Reise gehen«, hat er gesagt. Ich wollte nichts davon hören. Ich wollte nicht, dass er davon spricht. Weil ich dachte, dass der Abschied dann noch schneller kommen wird.

Aber er hat sich nicht beirren lassen. Immer wieder hatte er mir etwas zu sagen: Da liegen alle Papiere, so sieht es mit unserm Geld aus. Das wünsche ich mir zu meiner Beerdigung. Zu diesem Vers soll der Pastor die Ansprache halten. Ich hätte weglaufen mögen. Aber er hat mich nicht gelassen.

Ich dachte damals, so cool kann doch keiner damit umgehen. Heute verstehe ich ihn besser. Er wollte mich nicht hilflos zurücklassen. Hilflos war ich, als Erik starb, ohnmächtig und verloren in meinem Herzen. Aber er hat versucht, es mir leichter zu machen mit all den Dingen, die ich nun zu klären und zu tun hatte. Meine Söhne haben mir geholfen. Ohne sie hätte ich es wohl doch nicht geschafft.

Als es zu Ende ging, hat er meine Hände festgehalten und »Danke« gesagt. Mehr konnte er nicht mehr sagen. Aber das liegt tief auf dem Grund meines Herzens, sein Dank für unser gemeinsames Leben. Das ist der Schatz, von dem ich heute zehre.

Ja, es ist so. In all unseren Höhen und Tiefen haben wir es gut miteinander gehabt. Klar hat es auch bei uns geknistert und gekracht. Gerade in den Jahren, als die Kinder noch zu Hause waren. Aber das war immer klar zwischen uns, wir haben uns lieb gehabt. Und das hat auch das Schwere erträglich sein lassen.

»Wir sehen jetzt nur undeutlich wie in einem trüben Spiegel, dann aber werden wir schauen von Angesicht zu Angesicht. Jetzt erkenne ich stückweise, dann aber werde ich erkennen, wie ich erkannt bin. Nun aber bleiben Glaube, Hoffnung, Liebe, diese drei; die Liebe aber ist die Größte unter ihnen.«

Das war der Vers aus dem ersten Korintherbrief, den Erik für seinen Abschied ausgewählt hat. Der Pastor war überrascht, weil heute nur noch selten einer den Bibelvers für die eigene Trauerfeier bestimmt. Aber er kannte Erik ja von seinen Gottesdienstbesuchen. Und er wusste, dass er mit all seinen kritischen Fragen und seinem offenen Geist ein Glaubender war. Daran hat er auch fest geglaubt, dass mit diesem Leben nicht alles zu Ende ist: »Dann aber werden wir schauen von Angesicht zu Angesicht.«

Wir hätten viel mehr darüber reden sollen, aber ich war in diesen Wochen nicht bereit dazu. Das quält mich heute sehr. Warum habe ich mich nicht eingelassen auf das, was ihn so sehr bewegte? Obschon er es war, der gehen musste, war er in seinen Gedanken und Gefühlen klarer: »Du wirst es selbst erleben«, sagte er, als ich seine Gedanken an den Tod und ein ewiges Leben wieder einmal von mir fernhalten wollte. »Da kommt noch etwas. Wir sehen uns wieder. Gott hat uns nicht unsere Liebe geschenkt, dass sie im Nichts verloren geht!«

In diesem Vertrauen ist Erik gestorben. Nach aller Quälerei ist er ruhig eingeschlafen. Schon in den Stunden zuvor dachte ich manches Mal: Wohin schauen seine Augen? Es war mir, als schaute er schon jetzt etwas von dem Großen, das auf ihn zukam. Es war mir, als hielte er Ausschau.

Es ist viele Jahre her, dass er mir von einem Traum erzählt hat:

Er steht an einem weißsandigen Meeresstrand. Das kristallklare Wasser lockt: spring, schwimm, lebe! In weiter Ferne zieht sich eine dunkle Felsenkette über den Horizont. Im Traum weiß er: Das ist die »letzte Grenze«, der Tod. Angst packt ihn. Dann aber sieht er: Inmitten des dunklen Riffs ist ein Durchbruch, eine Durchfahrt aufs offene, weite Meer hinaus.

Und so hat er mir seinen Traum gedeutet: Unser Leben hier auf der Erde ist wie diese Meeresbucht. In der lerne ich zu schwimmen, zu leben. Der Tod ist der Durchbruch aufs offene Meer hinaus, in die Weite der ewigen Welt Gottes.

»Vielleicht ist es ja dieser Traum, der mir einmal hinüberhilft.«

Träume faszinieren mich, weil die »großen Träume« unter all den tausenden sehr weise sind. Eriks großer Traum ist sein Seelenbild. Er hat in seinen letzten Wochen oft daran gedacht und es hat ihm Mut gemacht. Ich kann mich nicht an einen Traum von meiner »letzten Reise« erinnern. Vielleicht habe ich den Gedanken daran immer zu weit weg geschoben.

Ein anderes Mal sprach Erik von Menschen, die ein Nahtoderlebnis gehabt haben. Viele von ihnen, so hatte er gelesen, berichten davon, dass sie an der »Grenze« von lieben Menschen abgeholt werden, von denen, die vorausgegangen sind. Alles das hat ihn beschäftigt, wenn die Schmerzmittel wirkten und seinen Geist für eine Zeit wieder freigaben. Er war sich sicher, dass seine Tante, bei der er Jahre seiner Kindheit verbracht hatte, die erste sein würde, die ihn »drüben« empfangen wird.

Als ich still an seinem Krankenbett saß und die Ärzte meinten, er würde die Nacht nicht überleben, habe ich seine Tante gerufen. Und so schlimm es für mich war, meinen Geliebten jetzt gehen zu lassen, so war es mir doch ein Trost, eine Hoffnung, dass Erik »auf der anderen Seite« seinen Weg nicht alleine gehen müsste.

Ich habe viel von ihm angenommen. Doch sind mir im Herzen immer eine gehörige Portion Fragen und Zweifel geblieben. Gibt es wirklich einen Gott, einen »Vater mit sehr mütterlichem Herzen«, wie der Pastor es in seiner Ansprache gesagt hat? Es wird mir wohl nicht zustehen, aber ein paar Hühnchen hätte ich an der Himmelspforte schon mit ihm zu rupfen.

In seinen letzten Stunden, in der Nacht, hat Erik mich wahrgenommen. Das habe ich gespürt. Aber seine Gedanken gingen schon weit voraus. »Da ... ist ... eine ... Tür«, sagte er immer wieder. »Ich ... klopf ... jetzt ... an. Ich ... geh ... jetzt ... durch.«

Ich konnte nicht anders, als ihm Mut zu machen:

»Ja, geh du jetzt durch die Türe. Du weißt doch, du wirst erwartet.«

Woher ich die Kraft dazu nahm, weiß ich nicht. Denn im Grunde meines Herzens wollte ich ihn doch gar nicht gehen lassen. Aber die Liebe war stärker. Ich sah es doch. Erik konnte nicht mehr. Seine Zeit an meiner Seite lief unerbittlich aus. Es gab für ihn nur noch diesen einen Weg durch diese Tür in eine andere Welt.

Ich hätte schreien mögen, aber ich habe schon damals das Schreien verschluckt und unter Tränen versucht, ihm Mut zu machen: »Du kannst jetzt gehen. Ich verspreche dir, ich werde es schaffen!«

Das war ein großes Versprechen. Viel zu groß für meinen schwachen, wunden Lebensmut. Es ist einfach nur schrecklich, am Bett des Liebsten zu sitzen und zu begreifen: Jetzt verliere ich ihn.

Der Pastor war noch einmal gekommen. Ich wollte es so, weil ich wusste, dass Erik es so gewollt hätte. Er blieb eine Weile bei mir und ließ mich erzählen, von unserem Leben, von unseren guten Tagen und auch von den schweren. Was mein Liebster davon gehört hat, weiß ich nicht. Der Pastor hat es auf den Punkt gebracht. Das ist eine einzige Liebeserklärung. Dann wandte er sich an meinen Mann:

»Das haben Sie ganz sicher gehört, Herr Andersen. Nehmen Sie die Liebeserklärung Ihrer Frau mit auf die große Reise, wenn Gott Sie jetzt ruft.« Dann beteten wir das Vaterunser. Der Pastor sprach ein Segensgebet und den Vers, den ich mir später von ihm noch einmal habe sagen lassen: »Fürchte dich nicht, spricht der Herr. Ich habe dich erlöst, ich habe dich bei deinem Namen gerufen, du bist mein.«

Es hat mir gut getan, das alles noch einmal sagen zu können, und ich hoffe so sehr, dass Erik es wirklich gehört hat. Als der Pastor gegangen war, wurde Erik noch einmal wacher, sah wieder die Türe, durch die er hindurchgehen sollte. Er war jetzt soweit und ich trottete neben ihm her, so weit ich konnte. Dann kam der Augenblick des Abschieds. Und in all meinem Schmerz war da sogar etwas wie Erleichterung. Du hast es jetzt geschafft. Gott sei Dank. Aber auch ich war am Ende meiner Kräfte, erschlagen, irgendwo froh, dass ich bis hierher meine Kraft für Erik zusammengehalten hatte.

Vom Vaterunser war mir in diesen Stunden nur ein Satz haften geblieben: »Dein Wille geschehe.«

Es war nicht mein Wille, dass Erik gehen musste. Es ist noch heute nicht mein Wille, auch nach zwei Jahren nicht. Doch muss ich es wohl annehmen. Und kann es doch nicht.

In Sønderborg wird der Wind heftig, Regenwolken ziehen auf. In der stürmischen Nacht kommt ein großer Traum zu mir:

Ich arbeite draußen in seinem Garten, pflanze Blumen in die Erde. Eine Weile schon spüre ich seinen Blick, bis ich mich traue, zu ihm aufzuschauen. Da steht er, an die Gartenpforte gelehnt. Gut sieht er aus, gesund. Der Bart ist ihm gewachsen. Auch die Haare sind länger als in den letzten Jahren. Fast wie am Anfang unserer Liebe.

Er schaut mich lächelnd an, voller Wärme. Ich will zu ihm laufen. Alles zieht mich zu ihm hin. Doch er schüttelt den Kopf. Ich habe seine Worte nicht mit meinen Ohren gehört, aber tief im Herzen, als kämen sie von dort: »Es ist noch nicht deine Zeit.« Wir standen da, unendlich lange, und schauten uns an. Zugleich aber verging dieser kostbare Augenblick brutal schnell.

Als er sich umwendet und mir zuwinkt, höre ich noch einmal seine Stimme: »Dort, wo ich jetzt bin, geht es mir gut. Ich warte auf dich!« Er lächelt sein verschmitztes Lächeln: »Aber lass dir nur Zeit! Übrigens, dein Garten ist ganz toll!«

Dann ging er seinen Weg und ganz leise, aber klar höre ich seine Stimme: »Jeg er med deg, min pige – ich bin bei dir, mein Mädchen!«

Nach dieser Sturmnacht strahlt die Sonne von einem wolkenlosen Himmel herab. Die Möwen kreischen immer noch. Doch weht heute ein warmer Frühlingswind über das Wasser. Es ist toll mitanzusehen, wie sie dahinsegeln ohne jede Mühe, wie der Wind sie trägt.

»Moin«, höre ich eine vertraute Stimme. »Kirsten, du?« »Ja, glaubst du, ich lasse dich heute allein?«

Wir liegen uns in den Armen. Kirsten und ich kennen uns erst ein Jahr. Auch sie hat ihren Mann verloren. Wir haben uns im Trauerkreis unserer Stadt kennengelernt. Ich hatte damals meinen ganzen Mut zusammengenommen, weil ich dachte, ich sollte etwas tun, dass ich wieder ins Leben zurückkomme. Und dass mir das wohl am ehesten gelingen könnte in einem Kreis von Menschen, die wie ich durch die Trauer gehen. Ich wollte mich nicht an meine Söhne klammern. Sie waren mir nah, aber sie hatten ihr eigenes Leben. Es war eine gute Entscheidung. Es nahm mir nichts von meiner Trauer, doch die Trauer zu teilen half mir, wieder das Lachen zu lernen. Denn so war es in unserem Kreis. Wir konnten miteinander reden, weinen und irgendwann konnte ich dann auch wieder mit den anderen lachen.

Ich bin froh, dass Kirsten erst heute gekommen ist. Gestern, als mein Himmel noch grau und nebelverhangen war, hätte ich die Freundin nicht ertragen. Obwohl ich doch eine Schulter zum Anlehnen gebraucht hätte. Nach Eriks nächtlichem Besuch tut Kirsten mir gut, weil ich sie nicht mehr brauche. Es wird ein schöner Abend. Kirs-

ten hat sich klammheimlich in derselben Pension ein-
quartiert, von der sie wusste, dass ich dort wohnen wollte. Wir erzählen viel, essen am Abend gut miteinander
und lachen mehr, als wir weinen.

Von meinem Traum erzähle ich ihr zögernd und vorsichtig. Denn ich weiß, dass sie sehr mit sich hadert, nach
fast drei Jahren noch immer nicht von ihrem Mann geträumt zu haben. Sie stellt ihre Liebe infrage, rätselt über
alle möglichen Gründe und sucht sie bei sich selbst. Vielleicht ist es ja so, dass wir, je sehnlicher wir Träume und
Zeichen erwarten, es den Träumen umso schwerer machen, zu uns zu kommen. Ich weiß nicht, warum mir
Eriks Besuch gewährt wurde. Ich bin unendlich dankbar
und wünsche es jedem in seiner Trauer. Ich empfinde es
als ein großes und kostbares Geschenk. So groß und kostbar wie sein »Danke« zum Abschied.

Ich weiß, dass viele Menschen im Abschied nur schwer
miteinander reden können. Wohl weil jeder den anderen
und sich selbst (so war es bei mir) schützen will – schützen vor der Endgültigkeit dessen, was da kommt. Ich jedenfalls habe es damals nicht zulassen können. Und so
haben wir es versäumt, offen zu reden.

Auch meinen Schmerz über die Endgültigkeit seines Abschieds habe ich nicht wirklich zugelassen, habe ihn
nicht laut genug hinausgeschrien. Am Abend vor Eriks
Besuch in meinem Traum bin ich spät noch einmal
hinausgegangen ans Strandufer. Ich war allein, mutterseelenallein im Sturm. Die Brandung krachte an die Wel-

lenbrecher. Ich habe mich getraut, es mitten im Sturm und der tosenden Brandung Wind und Wellen gleichzutun. All meine Trauer, all meinen Schmerz, all meine Not, all meinen Zorn habe ich Wind und Wetter entgegengeschrien. Vielleicht hat er mein lautes Schreien gehört, in der anderen Welt. Und vielleicht hat auch Gott ein Erbarmen gehabt mit meinem Schreien. Mir jedenfalls hat das Schreien Zentner von der Seele gewälzt. Vielleicht waren es diese schweren Steine, die den Zugang zur anderen Welt verschlossen gehalten haben.

Ich bin unendlich dankbar für diese Erfahrung. Und doch ändert alles Schreien und alles Träumen nichts daran, dass für dieses Leben unser Abschied endgültig ist. Nichts ist mehr, wie es einmal war. Ich spüre seine Hand nicht mehr in der meinen. Und ich muss meinen Weg gehen wie Erik den seinen. Tief im Herzen aber weiß ich es jetzt; damit hatte er recht: Wir werden uns wiedersehen! »Heute schauen wir wie in einem blinden Spiegel, dann aber werden wir schauen von Angesicht zu Angesicht.«

Wie wird es weitergehen mit meinem Leben? Es ist jetzt »mein Garten«, hat Erik gesagt. Wie werde ich leben in meiner »Meeresbucht«? Ich freue mich, wenn ich zu Hause die Freundinnen des Trauerkreises wiedersehe. Im Sommer wollen wir zu siebt nach Teneriffa fliegen. Wie froh bin ich, damals den Mut gehabt zu haben, aus meinem Schneckenhaus herauszugehen.

Kirsten grüßt mich von Peter. Er ist seit ein paar Monaten in unserem Trauerkreis. Ich weiß, dass er ein Auge auf mich geworfen hat. Für mich ein sehr schwieriges Gefühl. Mein Herz hängt so sehr an meinem Geliebten, dass da gar kein Platz ist für einen anderen. Kein Platz für mehr als Freundschaft. Vielleicht kommt einmal eine Zeit, eine neue Partnerschaft einzugehen. Im Trauerkreis ist das einigen schon so ergangen. Ich spüre aber ganz klar: Jetzt ist nicht die richtige Zeit. Heute denke ich, sie kommt nie. Bei jedem Vergleich hat ein anderer keine Chance. Natürlich, ich weiß schon. Auch Erik hatte seine Schattenseiten. Wir waren beide keine Engel und konnten uns ganz schön fetzen. An unserer Liebe aber haben wir niemals gezweifelt.

Ich habe zu Peters Gruß nichts gesagt. Da ist keinerlei Gefühl für ihn, das über Kameradschaft hinausgeht. Er soll mich ganz einfach in Ruhe lassen. Ich werde es ihm sagen!

Aber auch das hat mein Liebster mir gesagt. Und auch das wollte ich in den letzten Wochen vor seinem Tod nicht hören: »Wenn du einen neuen Partner findest, irgendwann, dann sollst du wissen: Es nimmt unserer Liebe nichts.« Ich will diesen Satz bis heute nicht an mich heranlassen. Aber ich weiß, dass er ihn aus Liebe gesagt hat. Denn das habe ich wohl begriffen: Liebe fesselt nicht, sie macht das Herz weit und öffnet die Türen zum Leben.

Wohin mich mein Leben noch führen wird?

Eriks Besuch in meinem Traum hat mein Herz wieder geöffnet. Ich weiß jetzt – nicht nur mit dem Kopf (da habe ich es immer gewusst), sondern auch mit dem Herzen –, dass er keine Freude hat an meiner trostlosen Trauer. Er will, dass ich in meinem Garten lebe.

Als ich Kirsten von meinem Traum erzähle, ist sie zuerst ganz starr und still. Ich habe es vorausgesehen und verstehe sie nur zu gut. Vor wenigen Tagen wäre es mir nicht anders ergangen. Dann aber erzählt Kirsten einen Traum. Es war wohl das Bild ihrer Seele für den Weg zurück ins Leben:

Kirsten war auf dem Friedhof. Mit ihr waren da andere Menschen. Gemeinsam mit ihnen gingen sie, einer nach dem anderen, im Kreis. Es war ein ständiges Kreisen um die Gräber derer, die sie verloren hatten. Kirsten wurde mit jedem Kreisen schwächer. Bis sie sich auf die Erde niederlegen musste und es kalt wurde in ihr. Wie lange sie dort lag, wusste sie nicht. Irgendwann berührte sie etwas Warmes, Freundliches. Es war die Hand eines kleinen Mädchens, die so warm war, dass auch ihr wieder warm wurde. Sie konnte wieder aufstehen. Alles war, wie es zuvor gewesen war. Noch immer liefen Menschen im Kreis um die Gräber. Kirsten wollte sich wieder einreihen, wollte wieder zurück in das endlosen Kreisen. Das Mädchen aber schüttelte heftig den Kopf, nahm sie bei der Hand und die Kirsten im Traum ließ sich willig fortführen, fort vom Gräberfeld, fort vom ewigen Trauerkreisen.

Mit einem Mal waren sie inmitten der Fußgängerzone. »Wohin gehen wir?« Die Kleine grinste und steuerte zielbewusst auf ein Eiscafé zu.

Am nächsten Tag haben wir es ausprobiert, Kirsten und ich, das gute dänische Softeis mit Kakaopuder. Es war ein köstlicher Nachmittag.

Sønderborg und zurück.

Ich bin anders zurückgekehrt, als ich gegangen bin. Und ich werde wiederkehren an den Ort unserer Liebe.

Illusionen will ich mir dennoch nicht machen. Immer noch überfällt mich ganz plötzlich tiefer Schmerz. Es kann ein Gedanke sein, ein vertrauter Duft, eine Erinnerung. Aber die Nebel der Trauer sind durchsichtiger geworden, ganz zarte Lebensfäden sind nachgewachsen. Die Wege durch den Sumpf werden breiter. Den Alltag habe ich fast im Griff. Und manchmal habe ich wieder richtige Lust am Leben, kann lachen und mich freuen an meinem Tag.

Vor vielen Jahren habe ich meinen Söhnen aus einem süßen Kinderbuch vorgelesen. Ich meine, es hat »Florian, das Zankgespenst« geheißen. Ein Satz hat sich mir damals schon eingeprägt. Jetzt erst verstehe ich ihn wohl wirklich:

»Mein Herz ist wie April.

Mal lacht der helle Sonnenschein.

Dann schau'n die Wolken düster drein.«

Ja, mein Herz ist wie April.

Das kenne ich beides. Die düsteren Wolken zu Genüge. Und jetzt auch wieder den Sonnenschein. Wohin auch immer ich gehe und welches Wetter gerade angesagt ist, eines bleibt mir gewiss: Meinem Herzen bleibt er nahe, Erik, mein Geliebter.

Wenn wir auch beide jetzt unseren eigenen Garten pflegen – ich bin mir sicher, dass Gott ihm ein besonders schönes Stückchen Land in Seinem Paradiesgarten anvertraut hat –, wir werden uns wiedersehen.

Erik hat daran nicht gezweifelt. Ich zweifle nur ein wenig. So wie ich manches Mal an einem gütigen Gott zweifle. Ich sollte es nicht tun, jedenfalls nicht, weil mein Geliebter vor mir hat gehen müssen. Wir haben schon heute einen schönen Garten gemeinsam, den Garten unserer Erinnerung.

So »der Vater mit dem sehr mütterlichen Herzen« es will, findet sich für uns beide ein schönes Eckchen in Seinem Großen Garten. Dort, in der anderen Welt, wo mein Liebster auf mich wartet und unser Fleckchen Paradies zum Blühen bringt.

Ich will mich aber an Eriks Rat halten und mir Zeit lassen. Schließlich gibt es auch in meinem irdischen Garten noch genug zu tun. Und wer weiß, was mir Gott aufgibt, in meinem Leben noch zu tun.

Flieg, Vogel, flieg

Es war einmal ein Vogel, dem hatten sie schon früh die Federn gerupft, sodass er sich nicht in die Lüfte erheben konnte. So sah er sich manchem Spott seiner Geschwister ausgesetzt. Sie flogen hoch über ihn hinweg und lachten ihn aus, während er auf zwei Beinen über die Erde hüpfte. Das machte ihn in seiner Seele bitter und sein Klageruf erklang vom Abend bis zum Morgen. Er jammerte ob seines elenden Daseins und beweinte sein trauriges Los.

Eines Nachts, als der Mond rund und voll vom Himmel schien, hörte ihn die alte Eule klagen und sie bedauerte den gerupften Vogel sehr.

„Vielleicht sollte ich einmal zu ihm hinabfliegen und sehen, ob ich das arme Geschöpf ein wenig zu trösten vermag", dachte sie bei sich.

Der Vogel hüpfte unruhig von einem Bein aufs andere, als er die Eule heranfliegen sah:

„Was willst du von mir? Magst du dich jetzt mit Mäusen und Schlangen nicht mehr zufriedengeben? Jagst du jetzt schon deinesgleichen? Sieh nur her, entkommen kann ich dir nicht. Meine Flügel sind gestutzt und gerupft, dass ich nicht mehr zu fliegen vermag."

Die Eule ließ sich flügelschlagend an der Seite des verängstigten Vogels nieder.

„Nun, zumindest hängst du noch am Leben, wenn du Angst vor mir hast."

„Ach", klagte der Vogel, „an manchen Tagen wünschte ich mir, es wäre alles vorbei. Schau dir meine Flügel an!"

Im hellen Mondlicht spähte die Eule auf den Vogel herab. Nun, es waren nicht gerade die Schwingen eines Adlers, die sich ihr darboten – aber der Vogel war ja auch kein Adler. Es mochte sein, dass das Federkleid des Vogels etwas kurz geraten war, dennoch konnte die Eulen nicht glauben, dass er damit nicht fliegen sollte.

„Hast du schon einmal versucht zu fliegen?"

Der Vogel schaute verdutzt auf:

„Ich, fliegen?"

„Ja, bist du denn kein Vogel?"

„Natürlich bin ich ein Vogel", kam gekränkt und heftig die Antwort.

Doch sogleich senkte der Vogel wieder die Stimme:

„Ein Vogel, doch, ja, aber nur ein – gerupfter."

Die Eule sann nach und schwieg. Es kam ihr ein guter Gedanke.

„Heute Nacht ist die Nacht des vollen Mondes. Wusstest du, dass in einer solchen Nacht alle Wünsche in Erfüllung gehen, Wünsche, die tief im Herzen warten? – Und wenn du dir nun wünschen würdest, fliegen zu können?"

„Das, gute Eule, wünsche ich mir, solange ich lebe!"

„Dann, guter Vogel, wünsch dir einmal, dass dein Wunsch in Erfüllung geht!"

„Ach, das hat doch alles keinen Sinn. Meine Federn ..."

„Herr Gevatter", schnaubte jetzt die Eule ärgerlich, „mag sein, dass sie dir als Jungvogel die Flügel gerupft haben. Doch mir scheint, dass dir über all deinem Klagen und Jammern die Flügel längst nachgewachsen sind."

„Nachgewachsen?"

Verwirrt betrachtete der Vogel seine Flügel. Sollte das wahr sein?

Die Eule wurde unruhig.

„Versuch es einmal!"

Zaghaft schlug der gerupfte Vogel seine Flügel.

„Noch ein bisschen mehr!", feuerte die Eule ihn an.

Der Mond, der sich eine Weile hinter den Wolken versteckt hatte, schaute jetzt neugierig auf die beiden herab.

Mit all seiner Kraft schlug der Vogel seine Flügel, hob sich eine Spannweite vom Boden, fiel zurück, schlug noch einmal ... und, unbeholfen noch, stieg er auf von der Erde, um endlich zu fliegen.

Die Eule zwinkerte dem Mond zu und lachte: „Ein Meister im Fliegen wird er wohl nicht mehr werden. Aber ein Vogel ist er doch!"

Als der Morgen anbrach, hörten sie im großen Gesang über den Wiesen und Wäldern eine neue Stimme. Es war das Loblied des gerupften Vogels, der zur Nacht das Fliegen erlernt hatte. Mit allem, was sich regt und fliegt, stimmte er ein in das Morgenlied der Schöpferin Leben. Darüber war ihm das alte Klagelied vergangen.

VERLAGSGRUPPE PATMOS

**PATMOS
ESCHBACH
GRÜNEWALD
THORBECKE
SCHWABEN**

Die Verlagsgruppe
mit Sinn für das Leben

Für die Schwabenverlag AG ist Nachhaltigkeit ein wichtiger
Maßstab ihres Handelns. Wir achten daher auf den Einsatz
umweltschonender Ressourcen und Materialien.

Umschlaggestaltung: Finken & Bumiller, Stuttgart
Gestaltung und Satz: Schwabenverlag AG, Ostfildern
Druck: CPI – Ebner & Spiegel, Ulm
Hergestellt in Deutschland
ISBN 978-3-8436-0707-0 (Print)
ISBN 978-3-8436-0733-9 (eBook)

Einfühlsame Begleitung in der Trauer

HUBERT BÖKE

Was in der Trauer weiterhilft

DIE TRAUER-SPRECH-STUNDE

PATMOS

Hubert Böke
Die Trauersprechstunde
Was in der Trauer weiterhilft

Format 12 x 19 cm
176 Seiten
Klappenbroschur
ISBN 978-3-8436-0409-3

Viele Fragen bewegen trauernde Menschen: existenzielle Fragen und Fragen des Alltags, der sich durch den Tod eines Angehörigen radikal verändert hat. Gute und angemessene Antworten sind wichtig.

Hubert Böke weiß aus jahrzehntelanger Erfahrung, welche Fragen Trauernde hautnah betreffen. Und er weiß vor allem, dass Standardantworten nicht weiterhelfen, einfühlsamer Rat aber umso mehr. Deshalb ist dieses Buch ein wahrer Schatz für Trauernde, der einlädt, immer wieder die Seiten durchzublättern und dann genau die Frage zu entdecken, die zurzeit die eigene Frage ist. Aber auch für Angehörige und Menschen, die Trauernde begleiten, sind darin wichtige Hinweise und Anregungen zu finden.

PATMOS   www.patmos.de

Schritte durch die Trauer

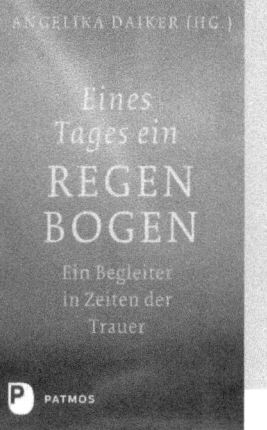

Angelika Daiker (Hg.)
Eines Tages ein Regenbogen
Ein Begleiter in Zeiten der Trauer

Format 12 x 19 cm
128 Seiten
Hardcover mit Leseband
ISBN 978-3-8436-0224-2

Der Tod eines nahen Menschen bringt alles ins Wanken. Der tiefe Schmerz scheint für immer zu sein, der Weg der Trauer endlos und ohne Hoffnung. In solchen Zeiten sind gute Begleiter wichtig. Angelika Daiker hat für dieses Buch Texte und Gedichte ausgewählt, die die Kraft haben, Trauernde auf diesem Weg zu begleiten. Die Textauswahl beruht auf der Erfahrung, dass Trauern kein geradliniger Weg ist. Trauerzeiten kommen und gehen wie Ebbe und Flut, was die Ebbe nimmt, bringt die Flut wieder. Ein Lesebuch, das Mut macht, mit dem Verlust zu leben und ihn irgendwann in eine Quelle der Kraft zu verwandeln.

PATMOS   www.patmos.de